Mein
KREUZFAHRT
LOGBUCH

Name: _____ **Kabine:** _____

Anschrift: _____

_____

Telefon: _____

Mobiltelefon: _____

E-Mail: _____

FRANZ NEUMEIER

Unterwegs
KREUZFAHRT
LOGBUCH

HEEL

Inhalt

Eine Art Gebrauchsanweisung

Vor Ihnen liegt Ihre Kreuzfahrt – eine Reise, für die Sie ein schwimmendes Zuhause beziehen, das Sie an ferne Orte bringen und Ihnen unvergessliche Erlebnisse bescheren wird.

Ja, das Schönste am Reisen ist das Erleben, aber vielleicht noch wichtiger ist, dass uns die Erinnerung daran niemand nehmen kann. Das Buch dazu, die Memoiren Ihrer Reise, schreiben Sie selbst, Tag für Tag oder wann immer Sie möchten. Es ist Ihr Kreuzfahrt-Logbuch.

Es wird Ihr treuer Begleiter und unermüdlicher Sammler Ihrer Erlebnisse auf großer Fahrt. Es schluckt einfach alles: Kleine Anekdoten wie große Geschichten, Abenteuer und stille Genussmomente, Skizzen vielleicht und auch trockene Daten wie Seemeilen und Wetter, dazu Stempel, Bilder, Eintrittskarten und, und, und ... Schon der Buchdeckel dient als Rahmen für Ihr Lieblingsfoto – nehmen Sie also am besten einen Klebestift mit!

Ein paar Rubriken sind schon angelegt und machen all jenen das Leben leichter, die weniger gern schreiben und lieber nur ankreuzen und etwas einkleben wollen. Ansonsten wurde viel Raum gelassen für Ihre persönlichen Eintragungen und Gedankenstützen – und für Informationen zum Reiseformat Kreuzfahrt, das ja so ganz anders ist als alle anderen.

Im Serviceteil am Ende lotst Journalist und Cruise-Experte Franz Neumeier Sie deswegen mit Tipps und Tricks durch die Besonderheiten, typischen Fallstricke und Dos & Don'ts an Bord. Damit sind Sie für alle Eventualitäten bestens gerüstet und werden auch rauere See gekonnt navigieren, Klippen souverän umschiffen und Sandbänke ganz nonchalant links liegen lassen.

Ihr ganz persönliches Kreuzfahrt-Logbuch ist handlich und doch groß genug für Ihre Erinnerungen. Es wird in Ihrem schwimmenden Reisedomizil wenig Platz beanspruchen und Ihnen dort ebenso viel Freude bereiten wie später neben den Fotoalben daheim. Wenn Sie häufiger unterwegs sind und fleißig Log- oder Tagebuch führen, werden Sie sich über die freie Fläche auf dem Buchrücken freuen, in die Sie die laufende Nummer oder vielleicht das Reisejahr eintragen können.

Wir wünschen eine gute Reise und viel Spaß beim Eintragen!

Platz für Foto(s)

1

Eckdaten meiner Reise

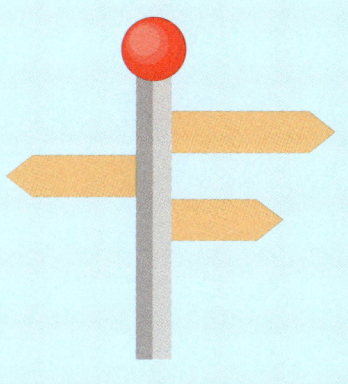

Unsere Route

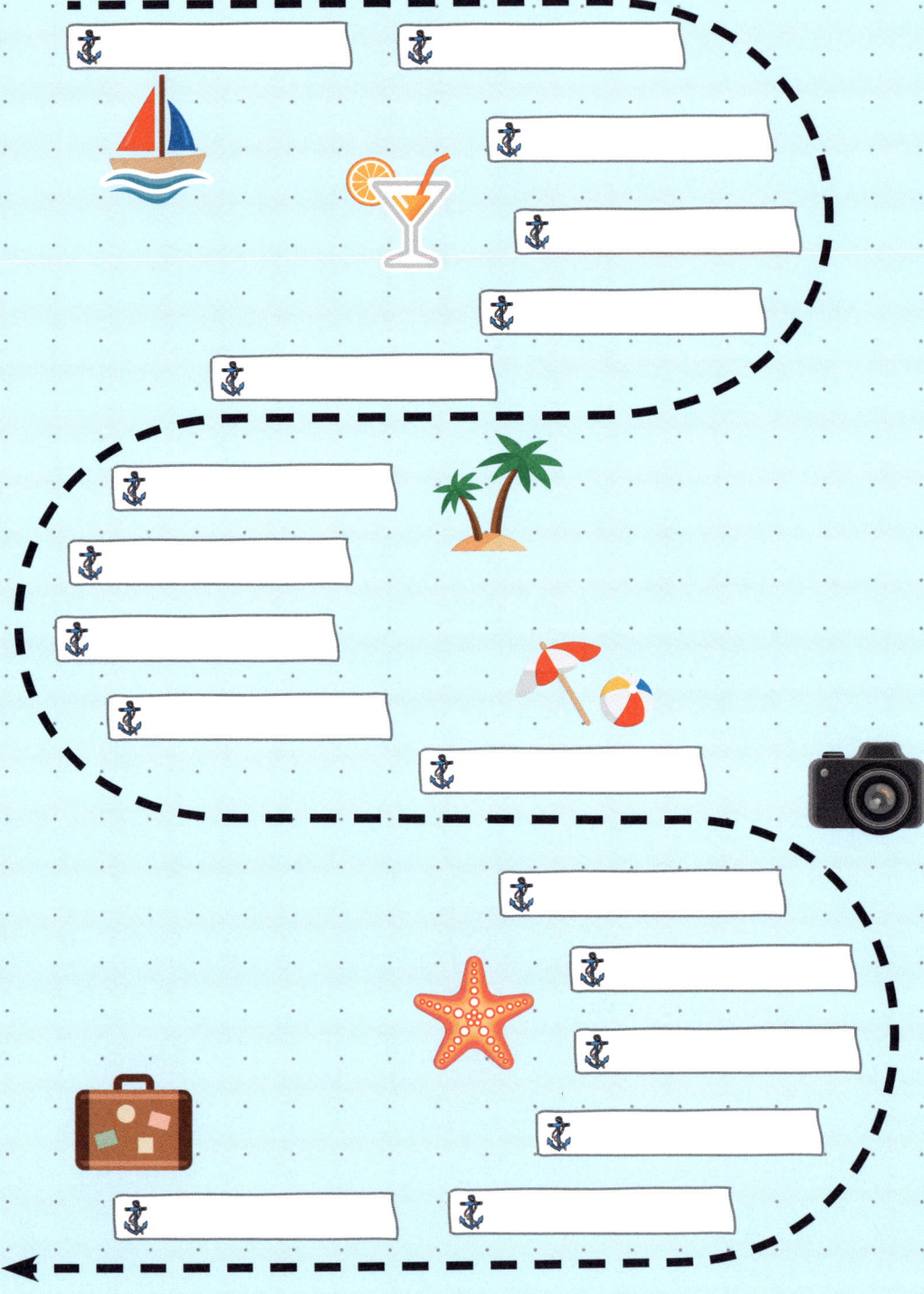

Meine Kreuzfahrt

Titel der Reise:

Reiseveranstalter:

Wo und Wann?

Anreise:

Einschiffung:

Ausschiffung:

Heimreise:

Notizen:

7

Platz für Foto(s)

Unser Schiff

Name: | **Länge:**

Kapitän/in: | **Passagierdecks:**

Reederei: | **Passagiere:**

Baujahr: | **Kabinen:**

Tonnage: | **Crewmitglieder:**

Notizen im Laufe der Reise:

Platz für Foto(s)

Meine Kabine

Kabinennummer: **Kabinentyp:**

Ausstattung:

Notizen im Laufe der Reise:

Platz für Foto(s)

2

Mein Logbuch

Reisetag 1

Datum:

☐ **Landtag in:** _____

☐ **Tag auf See mit Kurs auf:** _____

Seit _____ **zurückgelegte Seemeilen:** _____

Seegang: _____

Wetter am Morgen:

☀ ○ ⛅ ○ ☁ ○ 🌦 ○ 🌧 ○ ❄ ○ [° C]

Wetter am Mittag:

☀ ○ ⛅ ○ ☁ ○ 🌦 ○ 🌧 ○ ❄ ○ [° C]

Wetter am Abend:

☀ ○ ⛅ ○ ☁ ○ 🌦 ○ 🌧 ○ ❄ ○ [° C]

Das Essen heute:

Fazit: ☆☆☆☆☆

So war der Tag:

Aktivitäten, Ereignisse, Begegnungen, Bekanntschaften, Entdeckungen und Erkenntnisse, Selfies und andere Fotos.

Für morgen nicht vergessen:

Reisetag ☐

Datum: ☐

☐ **Landtag in:** _____

☐ **Tag auf See mit Kurs auf:** _____

Seit _____ **zurückgelegte Seemeilen:** _____

Seegang: _____

Wetter am Morgen:

☀ ○   ⛅ ○   ☁ ○   🌦 ○   🌧 ○   ❄ ○   [°C]

Wetter am Mittag:

☀ ○   ⛅ ○   ☁ ○   🌦 ○   🌧 ○   ❄ ○   [°C]

Wetter am Abend:

☀ ○   ⛅ ○   ☁ ○   🌦 ○   🌧 ○   ❄ ○   [°C]

Das Essen heute:

Fazit: ☆ ☆ ☆ ☆ ☆

So war der Tag:

Für morgen nicht vergessen:

Reisetag ☐

Datum: ☐

☐ **Landtag in:** _____

☐ **Tag auf See mit Kurs auf:** _____

Seit _____ **zurückgelegte Seemeilen:** _____

Seegang: _____

Wetter am Morgen:

☀ ○   ⛅ ○   ☁ ○   🌧 ○   🌧 ○   ❄ ○   [°C]

Wetter am Mittag:

☀ ○   ⛅ ○   ☁ ○   🌧 ○   🌧 ○   ❄ ○   [°C]

Wetter am Abend:

☀ ○   ⛅ ○   ☁ ○   🌧 ○   🌧 ○   ❄ ○   [°C]

Das Essen heute:

Fazit: ☆☆☆☆☆

So war der Tag:

Für morgen nicht vergessen:

Reisetag ☐

Datum:

☐ **Landtag in:** _____

☐ **Tag auf See mit Kurs auf:** _____

Seit _____ **zurückgelegte Seemeilen:** _____

Seegang: _____

Wetter am Morgen:

☀ ○   ⛅ ○   ☁ ○   🌧 ○   🌧 ○   ❄ ○   [° C]

Wetter am Mittag:

☀ ○   ⛅ ○   ☁ ○   🌧 ○   🌧 ○   ❄ ○   [° C]

Wetter am Abend:

☀ ○   ⛅ ○   ☁ ○   🌧 ○   🌧 ○   ❄ ○   [° C]

Das Essen heute:

Fazit: ☆ ☆ ☆ ☆ ☆

So war der Tag:

Für morgen nicht vergessen:

Reisetag ☐

Datum: ⬚

☐ Landtag in: _____

☐ Tag auf See mit Kurs auf: _____

Seit _____ zurückgelegte Seemeilen: _____

Seegang: _____

Wetter am Morgen:

☀️ ○ ⛅ ○ ☁️ ○ 🌦️ ○ 🌧️ ○ ❄️ ○ ⬚ ° C

Wetter am Mittag:

☀️ ○ ⛅ ○ ☁️ ○ 🌦️ ○ 🌧️ ○ ❄️ ○ ⬚ ° C

Wetter am Abend:

☀️ ○ ⛅ ○ ☁️ ○ 🌦️ ○ 🌧️ ○ ❄️ ○ ⬚ ° C

Das Essen heute:

Fazit: ☆☆☆☆☆

So war der Tag:

Für morgen nicht vergessen:

Reisetag ☐

Datum: ☐

☐ **Landtag in:** _____

☐ **Tag auf See mit Kurs auf:** _____

Seit _____ **zurückgelegte Seemeilen:** _____

Seegang: _____

Wetter am Morgen:

☀ ○   ⛅ ○   ☁ ○   🌧 ○   🌧 ○   ❄ ○   [° C]

Wetter am Mittag:

☀ ○   ⛅ ○   ☁ ○   🌧 ○   🌧 ○   ❄ ○   [° C]

Wetter am Abend:

☀ ○   ⛅ ○   ☁ ○   🌧 ○   🌧 ○   ❄ ○   [° C]

Das Essen heute:

Fazit: ☆☆☆☆☆

So war der Tag:

Für morgen nicht vergessen:

Reisetag

Datum: _____

☐ Landtag in: _____

☐ Tag auf See mit Kurs auf: _____

Seit _____ zurückgelegte Seemeilen: _____

Seegang: _____

Wetter am Morgen:

☀ ○ ⛅ ○ ☁ ○ 🌦 ○ 🌧 ○ ❄ ○ [° C]

Wetter am Mittag:

☀ ○ ⛅ ○ ☁ ○ 🌦 ○ 🌧 ○ ❄ ○ [° C]

Wetter am Abend:

☀ ○ ⛅ ○ ☁ ○ 🌦 ○ 🌧 ○ ❄ ○ [° C]

Das Essen heute:

Fazit: ☆☆☆☆☆

Persönliche Einträge

So war der Tag:

Für morgen nicht vergessen:

Reisetag ☐

Datum: ☐

☐ Landtag in: _____

☐ Tag auf See mit Kurs auf: _____

Seit _____ zurückgelegte Seemeilen: _____

Seegang: _____

Wetter am Morgen:

☀ ○   ⛅ ○   ☁ ○   🌧 ○   🌧 ○   ❄ ○   [° C]

Wetter am Mittag:

☀ ○   ⛅ ○   ☁ ○   🌧 ○   🌧 ○   ❄ ○   [° C]

Wetter am Abend:

☀ ○   ⛅ ○   ☁ ○   🌧 ○   🌧 ○   ❄ ○   [° C]

Das Essen heute:

Fazit: ☆☆☆☆☆

Persönliche Einträge

So war der Tag:

Für morgen nicht vergessen:

29

Reisetag

Datum:

☐ **Landtag in:** _____

☐ **Tag auf See mit Kurs auf:** _____

Seit _____ **zurückgelegte Seemeilen:** _____

Seegang: _____

Wetter am Morgen:

☀ ○   ☁ ○   ☁ ○   🌧 ○   🌧 ○   ❄ ○   [° C]

Wetter am Mittag:

☀ ○   ⛅ ○   ☁ ○   🌧 ○   🌧 ○   ❄ ○   [° C]

Wetter am Abend:

☀ ○   ☁ ○   ☁ ○   🌧 ○   🌧 ○   ❄ ○   [° C]

Das Essen heute:

Fazit: ☆☆☆☆☆

Persönliche Einträge

So war der Tag:

Für morgen nicht vergessen:

Reisetag ☐

Datum: ☐☐☐☐

☐ **Landtag in:** _____

☐ **Tag auf See mit Kurs auf:** _____

Seit _____ **zurückgelegte Seemeilen:** _____

Seegang: _____

Wetter am Morgen:

☀ ○ ⛅ ○ ☁ ○ 🌦 ○ 🌧 ○ ❄ ○ ☐ ° C

Wetter am Mittag:

☀ ○ ⛅ ○ ☁ ○ 🌦 ○ 🌧 ○ ❄ ○ ☐ ° C

Wetter am Abend:

☀ ○ ⛅ ○ ☁ ○ 🌦 ○ 🌧 ○ ❄ ○ ☐ ° C

Das Essen heute:

Fazit: ☆☆☆☆☆

Persönliche Einträge

So war der Tag:

Für morgen nicht vergessen:

Reisetag ☐

Datum: ☐

☐ **Landtag in:** _____

☐ **Tag auf See mit Kurs auf:** _____

Seit _____ **zurückgelegte Seemeilen:** _____

Seegang: _____

Wetter am Morgen:

☀ ○ ☁ ○ ☁ ○ 🌧 ○ 🌧 ○ ❄ ○ [° C]

Wetter am Mittag:

☀ ○ ☁ ○ ☁ ○ 🌧 ○ 🌧 ○ ❄ ○ [° C]

Wetter am Abend:

☀ ○ ☁ ○ ☁ ○ 🌧 ○ 🌧 ○ ❄ ○ [° C]

Das Essen heute:

Fazit: ☆☆☆☆☆

Persönliche Einträge

So war der Tag:

Für morgen nicht vergessen:

Reisetag ☐

Datum: ☐

☐ **Landtag in:** _____

☐ **Tag auf See mit Kurs auf:** _____

Seit _____ **zurückgelegte Seemeilen:** _____

Seegang: _____

Wetter am Morgen:

 ° C

Wetter am Mittag:

 ° C

Wetter am Abend:

 ° C

Das Essen heute:

Fazit: ☆☆☆☆☆

So war der Tag:

Für morgen nicht vergessen:

Reisetag ☐

Datum: _____

☐ **Landtag in:** _____

☐ **Tag auf See mit Kurs auf:** _____

Seit _____ **zurückgelegte Seemeilen:** _____

Seegang: _____

Wetter am Morgen:

☀ ○　⛅ ○　☁ ○　🌧 ○　🌧 ○　❄ ○　[°C]

Wetter am Mittag:

☀ ○　⛅ ○　☁ ○　🌧 ○　🌧 ○　❄ ○　[°C]

Wetter am Abend:

☀ ○　⛅ ○　☁ ○　🌧 ○　🌧 ○　❄ ○　[°C]

Das Essen heute:

Fazit: ☆☆☆☆☆

Persönliche Einträge

So war der Tag:

Für morgen nicht vergessen:

Reisetag ☐

Datum:

☐ **Landtag in:** _____

☐ **Tag auf See mit Kurs auf:** _____

Seit _____ **zurückgelegte Seemeilen:** _____

Seegang: _____

Wetter am Morgen:

☀ ○ ⛅ ○ ☁ ○ 🌦 ○ 🌧 ○ ❄ ○ [°C]

Wetter am Mittag:

☀ ○ ⛅ ○ ☁ ○ 🌦 ○ 🌧 ○ ❄ ○ [°C]

Wetter am Abend:

☀ ○ ⛅ ○ ☁ ○ 🌦 ○ 🌧 ○ ❄ ○ [°C]

Das Essen heute:

Fazit: ☆☆☆☆☆

Persönliche Einträge

So war der Tag:

Für morgen nicht vergessen:

41

Reisetag ☐

Datum:

☐ **Landtag in:** _____

☐ **Tag auf See mit Kurs auf:** _____

Seit _____ **zurückgelegte Seemeilen:** _____

Seegang: _____

Wetter am Morgen:

☀ ○ ⛅ ○ ☁ ○ 🌦 ○ 🌧 ○ ❄ ○ [°C]

Wetter am Mittag:

☀ ○ ⛅ ○ ☁ ○ 🌦 ○ 🌧 ○ ❄ ○ [°C]

Wetter am Abend:

☀ ○ ⛅ ○ ☁ ○ 🌦 ○ 🌧 ○ ❄ ○ [°C]

Das Essen heute:

Fazit: ☆☆☆☆☆

So war der Tag:

Für morgen nicht vergessen:

Reisetag ☐

Datum: ☐

☐ **Landtag in:** _____

☐ **Tag auf See mit Kurs auf:** _____

Seit _____ **zurückgelegte Seemeilen:** _____

Seegang: _____

Wetter am Morgen:

☀ ○   ⛅ ○   ☁ ○   🌦 ○   🌧 ○   ❄ ○   [° C]

Wetter am Mittag:

☀ ○   ⛅ ○   ☁ ○   🌦 ○   🌧 ○   ❄ ○   [° C]

Wetter am Abend:

☀ ○   ⛅ ○   ☁ ○   🌦 ○   🌧 ○   ❄ ○   [° C]

Das Essen heute:

Fazit: ☆☆☆☆☆

Persönliche Einträge

So war der Tag:

Für morgen nicht vergessen:

Reisetag

Datum:

☐ **Landtag in:** _____

☐ **Tag auf See mit Kurs auf:** _____

Seit _____ **zurückgelegte Seemeilen:** _____

Seegang: _____

Wetter am Morgen:

☀ ◯   ⛅ ◯   ☁ ◯   🌧 ◯   🌧 ◯   ❄ ◯   ☐ ° C

Wetter am Mittag:

☀ ◯   ⛅ ◯   ☁ ◯   🌧 ◯   🌧 ◯   ❄ ◯   ☐ ° C

Wetter am Abend:

☀ ◯   ⛅ ◯   ☁ ◯   🌧 ◯   🌧 ◯   ❄ ◯   ☐ ° C

Das Essen heute:

Fazit: ☆ ☆ ☆ ☆ ☆

Persönliche Einträge

So war der Tag:

Für morgen nicht vergessen:

Reisetag ☐

Datum: [_____]

☐ **Landtag in:** _____

☐ **Tag auf See mit Kurs auf:** _____

Seit _____ **zurückgelegte Seemeilen:** _____

Seegang: _____

Wetter am Morgen:

☀ ○ ⛅ ○ ☁ ○ 🌦 ○ 🌧 ○ ❄ ○ [°C]

Wetter am Mittag:

☀ ○ ⛅ ○ ☁ ○ 🌦 ○ 🌧 ○ ❄ ○ [°C]

Wetter am Abend:

☀ ○ ⛅ ○ ☁ ○ 🌦 ○ 🌧 ○ ❄ ○ [°C]

Das Essen heute:

Fazit: ☆☆☆☆☆

So war der Tag:

Für morgen nicht vergessen:

Reisetag ☐

Datum: _____

☐ **Landtag in:** _____

☐ **Tag auf See mit Kurs auf:** _____

Seit _____ zurückgelegte Seemeilen: _____

Seegang: _____

Wetter am Morgen:

☀ ○   ⛅ ○   ☁ ○   🌦 ○   🌧 ○   ❄ ○   [° C]

Wetter am Mittag:

☀ ○   ⛅ ○   ☁ ○   🌦 ○   🌧 ○   ❄ ○   [° C]

Wetter am Abend:

☀ ○   ⛅ ○   ☁ ○   🌦 ○   🌧 ○   ❄ ○   [° C]

Das Essen heute:

Fazit: ☆☆☆☆☆

So war der Tag:

Für morgen nicht vergessen:

Reisetag ☐

Datum:

☐ **Landtag in:** _____

☐ **Tag auf See mit Kurs auf:** _____

Seit _____ **zurückgelegte Seemeilen:** _____

Seegang: _____

Wetter am Morgen:

Wetter am Mittag:

Wetter am Abend:

☀ ○ ⛅ ○ ☁ ○ 🌦 ○ 🌧 ○ ❄ ○ [°C]

Das Essen heute:

Fazit: ☆☆☆☆☆

52

So war der Tag:

Für morgen nicht vergessen:

Reisetag ☐

Datum: _____

☐ **Landtag in:** _____

☐ **Tag auf See mit Kurs auf:** _____

Seit _____ **zurückgelegte Seemeilen:** _____

Seegang: _____

Wetter am Morgen:

☀ ○ ⛅ ○ ☁ ○ 🌧 ○ 🌧 ○ ❄ ○ ☐ ° C

Wetter am Mittag:

☀ ○ ⛅ ○ ☁ ○ 🌧 ○ 🌧 ○ ❄ ○ ☐ ° C

Wetter am Abend:

☀ ○ ⛅ ○ ☁ ○ 🌧 ○ 🌧 ○ ❄ ○ ☐ ° C

Das Essen heute:

Fazit: ☆☆☆☆☆

Persönliche Einträge

So war der Tag:

Für morgen nicht vergessen:

Platz für Foto(s)

3
Notizen und Erinnerungen

Notizen und Erinnerungen

In diesem Teil Ihres Logbuchs können Sie Dinge festhalten, die Sie nicht vergessen wollen: was Sie bei Ihrer nächsten Kreuzfahrt anders machen wollen, wem Sie von wo aus Urlaubsgrüße geschickt haben – es soll sich ja niemand übergangen fühlen! – und was Sie abschließend über Ihre Kreuzfahrt sagen möchten.

Die folgenden Seiten jedoch sind erst einmal für Ihre Notizen und Erinnerungen reserviert!

Anekdoten und Ereignisse

Nette Begegnungen und Kontaktdaten

Geheimtipps und Entdeckungen

Die Namen der wichtigsten Crewmitglieder

Fotos und Fotovermerke

Eindrücke, Skizzen, Stempel, Tickets …

Notizen und Erinnerungen

Notizen und Erinnerungen

Notizen und Erinnerungen

Notizen und Erinnerungen

Notizen und Erinnerungen

Notizen und Erinnerungen

Notizen und Erinnerungen

Notizen und Erinnerungen

Notizen und Erinnerungen

Notizen und Erinnerungen

Notizen und Erinnerungen

Notizen und Erinnerungen

Notizen und Erinnerungen

Notizen und Erinnerungen

Notizen und Erinnerungen

Notizen und Erinnerungen

Notizen und Erinnerungen

Urlaubsgrüße

von wo? / an wen?	Nizza					
Familie Müller	X					

Urlaubsgrüße

von wo? an wen?					

Urlaubsgrüße

von wo? an wen?					

Urlaubsgrüße

von wo? / an wen?					

Das nächste Mal

Was mache ich bei der nächsten Kreuzfahrt anders?

Zum Beispiel:

bei der Buchung,

den Vorbereitungen und beim Packen,

an Bord, bei Landgängen,

gegenüber Mitreisenden und Crew ...

Mein Fazit

So war meine Kreuzfahrt:

Platz für Foto(s)

4

Tipps, Tricks & Service

Liebe Kreuzfahrerin, lieber Kreuzfahrer,

als Münchner liegen mir die Berge eigentlich näher als das Meer. Aber ausgerechnet die nostalgischen Mississippi-Raddampfer im fernen Amerika haben meine Begeisterung für Schiffe geweckt. Früher Chefredakteur diverser Computerzeitschriften, habe ich 2009 auf Reisejournalismus mit Schwerpunkt Kreuzfahrten umgesattelt. Heute reise, schreibe und fotografiere ich unter anderem für *Abenteuer und Reisen*, *Bunte*, *Süddeutsche Zeitung*, *touristik aktuell*, den *Kreuzfahrt Guide* und natürlich für mein Kreuzfahrtblog: *cruisetricks.de*.

Jetzt aber zum eigentlichen Thema ... Ist Ihnen auf Reisen schon einmal etwas so richtig Peinliches passiert? Mich traf nach einer Karibik-Kreuzfahrt morgens in Miami die Erkenntnis wie ein Schlag: Ich hatte nichts anzuziehen! Wie üblich war der Koffer mit all meinen Kleidern während der Nacht vor meiner Kabine abgeholt worden. Mein Schlafanzug entsprach zwar dem legeren Kleidungsstil vieler Amerikaner, aber so ans Frühstücksbüffet zu gehen, fühlt sich dennoch erniedrigend an. Seitdem trage ich meinen Koffer lieber selbst von Bord, denn ich bin mir nicht sicher, ob ich noch ein zweites Mal so herzlich über mich selbst lachen könnte.

Damit Ihnen solche kleinen Desaster erspart bleiben, habe ich auf den folgenden Seiten alle wichtigen Tipps und Tricks für Sie zusammengestellt. Zu einigen Themen bietet *cruisetricks.de* weiterführende oder aktualisierte Informationen; über die QR-Codes gelangen Sie mit dem Smartphone direkt dorthin.

Auf dass Sie Ihre Kreuzfahrt unbeschwert genießen können und das Beste aus allem herausholen!

Ihr Franz Neumeier

Reisevorbereitung

Damit Sie sich auf Ihrer Kreuzfahrt vom ersten Moment an zurücklehnen und genießen können, lohnt sich ein wenig Vorbereitung. Essenziell sind Krankenversicherung, Reisepass und andere wichtige Reisedokumente.

Auslandskrankenversicherung

 Arztbehandlungen an Bord werden grundsätzlich privat abgerechnet und können sehr teuer sein. Versicherungsrechtlich befindet sich das Schiff in dem Land, unter dessen Flagge es fährt, also etwa Malta, Italien, Bahamas oder Bermudas. Dringend zu empfehlen ist deshalb eine Auslandskrankenversicherung, die Kreuzfahrten oder Seereisen einschließt und weltweit gültig ist.

Pauschale Jahrespolicen sind übrigens kaum teurer als die Versicherung für nur eine konkrete Reise.

TIPP: Empfehlenswert ist eine Vertragsklausel, die in schwereren Fällen einen Krankenrücktransport in die Heimat nicht nur in medizinisch notwendigen, sondern auch in medizinisch sinnvollen Fällen garantiert. Letzteres kann einen Krankenrücktransport schon aufgrund der Sprachbarriere im Ausland ermöglichen, aber auch, wenn der Patient große Angst vor einer Operation in fremder Umgebung hat.

Ausweis und Reisedokumente

Bei Ausweisdokumenten kennen Reedereien keinen Spaß: ohne die verlangten Dokumente keine Kreuzfahrt. Prüfen Sie die Anforderungen der Reederei deshalb ganz genau: Im Zweifelsfall gelten die strengeren Anforderungen der Reedereien und nicht nur die Einreisebestimmungen des jeweiligen Landes.

Einen Reisepass zu besitzen, ist für Kreuzfahrten sinnvoll. Er wird vor allem bei internationalen Reedereien auch innerhalb Europas verlangt. Und er muss in der Regel noch sechs Monate nach Ende der Kreuzfahrt gültig sein.

Werdende Mütter sollten eine Bescheinigung vom Arzt (auf internationalen Schiffen in englischer Sprache) dabeihaben, in welcher Schwangerschaftswoche sie sich befinden. Denn fast alle Reedereien verweigern die Mitnahme nach der 23. Woche. Wichtig: Stichtag dafür ist das Ende der Reise, nicht der Einschiffungstermin.

Falls für einen der angelaufenen Häfen ein Visum, Impf- oder Versicherungsnachweise nötig sind, sind die Passagiere für deren Beschaffung selbst verantwortlich. Das gilt auch, wenn Sie in dem betreffenden Hafen gar nicht an Land gehen. Beispiele: Die USA verlangen für die Ein- oder auch nur Durchreise einen im Vorfeld genehmigten ESTA-Antrag, das kanadische Äquivalent dazu heißt ETA. Kuba will den Nachweis einer Auslandskrankenversicherung sehen.

Verreisen Sie mit Kindern, achten Sie auch da auf die nötigen Papiere. Für die USA und Kanada beispielsweise brauchen auch Kinder ihren eigenen biometrischen Reisepass. Verreisen Sie mit Kindern, die nicht Ihre eigenen sind, die einen anderen Namen tragen oder bei denen Sie sich das Sorgerecht mit einem geschiedenen Partner teilen, könnten Sie einen geeigneten Nachweis benötigen, dass Sie mit diesen Kindern ins Ausland reisen dürfen, etwa eine Sorgerechtsbescheinigung oder eine Geburtsurkunde.

Online-Check-in

Die meisten Reedereien bieten einen Online-Check-in über ihre Website an. Wie das funktioniert, steht in den Reiseunterlagen. So können Sie bereits vorab beispielsweise Ihre Kreditkarte für die Bordrechnung hinterlegen, Ihre persönlichen Daten vervollständigen und ein Foto hochladen sowie einen Notfallkontakt angeben.

An- und Abreiseplanung

Wenn Sie die An- und Abreise pauschal zusammen mit Ihrer Kreuzfahrt buchen, müssen Sie sich um nichts kümmern, denn dann gehört das zum Pauschalreisepaket dazu. Achtung: Vermittelt Ihr Reisebüro lediglich Flug und Kreuzfahrt separat, wird daraus kein Pauschalpaket.

Reisen Sie individuell an, tragen Sie selbst das Risiko, pünktlich zur Abfahrt des Kreuzfahrtschiffs an Bord zu sein. Für entspanntes Reisen sollten

Sie daher Pufferzeiten einplanen und sich Alternativen zurechtlegen, falls etwas schief geht. Vor allem: gibt es andere Flüge oder eine geeignete Bahnverbindung, falls Ihr Flug ausfällt? Wer hier schon Ausweichmöglichkeiten recherchiert hat, ist im Vorteil. Denn natürlich suchen auch alle anderen Passagiere des ausgefallenen Flugs in diesem Moment nach Möglichkeiten, dennoch an ihr Ziel zu kommen. Schnelle Reaktion ist hier Gold wert.

Bei Langstreckenflügen sollten Sie einen Tag früher anreisen und idealerweise einen Flug buchen, mit dem Sie das Schiff auch dann noch erreichen, wenn Sie beispielsweise wegen eines Flugausfalls erst einen Tag später fliegen können.

Den Rückflug nach der Kreuzfahrt planen Sie sicherheitshalber erst am späteren Nachmittag. Denn auch Kreuzfahrtschiffe kommen gelegentlich zu spät im Zielhafen an!

Leistungen online hinzubuchen

Viele Leistungen wie Internet oder Getränkepakete, aber auch so etwas wie unterschiedliche Kopfkissen oder die Aufstellung der Betten – getrennt oder Doppelbett – in der Kabine können Sie bei vielen Reedereien über deren Online-Portal auswählen. Auch Spa-Termine, Landausflüge, Spezialitätenrestaurants oder auch Show-Tickets können Sie oft über diese Portale buchen. Sofern es sich um kostenpflichtige Leistungen handelt, bezahlen Sie auch gleich per Kreditkarte, sodass diese Beträge nicht mehr auf Ihrer Bordrechnung auftauchen.

TIPP: Die Online-Buchung solcher Leistungen hat einen weiteren Vorteil: Internet- und Getränkepakete sind oft deutlich günstiger, wenn man sie schon vor der Reise kauft.

Parkplatz am Hafen

 Reisen Sie mit dem Auto zur Kreuzfahrt an, sollten Sie vorab einen Parkplatz und nötigenfalls einen Shuttleservice zum Terminal reservieren. Maßgeschneiderte Parkplatzangebote für Kreuzfahrtpassagiere gibt es beispielsweise von Holiday Extras, Parken & Meer oder Park & Cruise. Eine europaweite Übersicht zu Parkmöglichkeiten an Kreuzfahrthäfen hat ParkVia.

In manchen Häfen gibt es Parkplätze direkt am Terminal, die günstigeren Parkplätze von Drittanbietern liegen meist jedoch etwas abseits und sind per Shuttlebus angebunden. Die Preise liegen typischerweise bei 70 bis 90 Euro pro Fahrzeug und Woche. Hotels bieten gelegentlich für die Dauer der Reise kostenloses Parken für Gäste, die vor oder nach der Kreuzfahrt eine Übernachtung dort einlegen.

In Italien bieten Reedereien einen Park- und Shuttleservice oft direkt an, was unkomplizierter ist, als über die Website eines lokalen Parkplatzanbieters zu buchen.

Getränke und Getränkepakete

Erkundigen Sie sich schon bei der Buchung, welche Getränke im Reisepreis enthalten sind und welche Sie extra zahlen müssen. Denn Getränke können einen wesentlichen Anteil der Nebenkosten an Bord ausmachen. Vor allem bei internationalen Reedereien sind Bier, Wein und Cocktails oft relativ teuer.

Viele Reedereien bieten sogenannte Getränkepakete an. Dabei bezahlen Sie einen pauschalen Betrag pro Tag und können dafür von einer vorgegebenen Auswahl an Getränken so viel trinken, wie Sie möchten.

Ob sich eines dieser Getränkepakete für Sie lohnt, hängt von Ihren Gewohnheiten ab. Am besten überschlagen Sie grob, was Sie an Getränken täglich zu sich nehmen, und erkundigen sich nach den Preisen dafür an Bord. Manche Passagiere buchen Getränkepakete aber auch dann, wenn es sich finanziell eigentlich nicht rechnet, denn es ist durchaus bequem, wenn man sich nicht für jede einzelne Bestellung an der Bar Gedanken um die Kosten machen muss. Ein Pauschalpaket ist von Anfang an klar kalkulierbar.

TIPP: Buchen Sie Getränkepakete vorab online, sind sie oft günstiger als direkt an Bord.

Die Getränke in der Kabine und in der Minibar sind nahezu nie kostenlos, auch wenn das auf den ersten Blick nicht erkennbar ist. Auch in den Getränkepaketen sind diese Getränke typischerweise nicht enthalten.

Lebensmittelunverträglichkeiten und Ernährungsweisen

Bei besonderen Diätanforderungen sollten Sie vor der Buchung bei der Reederei nachfragen, ob Sie benötigte, eigene Lebensmittel mitbringen dürfen. Viele Anforderungen wie laktose- oder glutenfrei, vegetarische Kost und inzwischen oft sogar vegane Küche können die Reedereien auch an Bord erfüllen. Im Detail sollten Sie sich dazu vor der Reise genau erkundigen.

Landausflüge planen

Wenn Sie auf Ihrer Kreuzfahrt beim Landgang möglichst viel sehen und erleben möchten, planen Sie Landausflüge am besten schon von zu Hause aus. So finden Sie in aller Ruhe die interessantesten Touren und Attraktionen. Dabei gibt es drei Optionen: Ausflüge über die Reederei buchen, individuell über Veranstalter vor Ort oder ganz auf eigene Faust, zum Beispiel mit dem Taxi oder öffentlichen Verkehrsmitteln.

Je nach Hafen und persönlichen Vorlieben kann das eine oder das andere die bessere Wahl sein. Aber: Erkundigen Sie sich auch über die Sicherheitslage in den jeweiligen Häfen und gehen Sie bei individuellen Landgängen keine unnötigen Risiken ein.

Bei Ausflügen, die Sie über die Reederei buchen, ist alles organisiert und Sie riskieren nicht, bei Verspätungen womöglich das Schiff zu verpassen. Dafür sind Sie recht unflexibel und die Gruppen sind bis zu 50 Personen groß. Bei eher abgelegenen Häfen kann der Ausflug über die Reederei schon deshalb günstiger sein, weil man sich damit die Shuttlebus- oder Taxifahrt in die Stadt spart.

Wo Vorabbuchung angeboten wird, ist dies auch zu empfehlen, weil beliebte Ausflüge oft schon früh ausgebucht sind. Bei den meisten Reedereien können Landausflüge bereits vor der Kreuzfahrt im Reisebüro oder online und oft günstiger als an Bord gebucht werden.

Individuelle Ausflüge sind meist nicht teurer und deutlich flexibler und persönlicher. Lesen Sie dazu am besten die Kritiken anderer Kreuzfahrer zu bestimmten Landausflügen und Anbietern. Bei boards.cruisecritic.com (englischsprachig) gibt es zu jedem größeren Kreuzfahrthafen ein eigenes

Forum genau zu diesem Thema. Deutschsprachige Destinationsforen finden Sie beim *kreuzfahrten-treff.de*.

Wenn Sie einen Ausflug unabhängig von der Reederei buchen, erkundigen Sie sich vorab beim Veranstalter, was passiert, wenn das Schiff aus irgendeinem Grund zu spät oder gar nicht am geplanten Tag in dem Hafen anlegt. Denn nicht immer gibt es dann das bereits bezahlte Geld zurück – anders als bei Reedereiausflügen, die nur berechnet werden, wenn der Ausflug auch wirklich stattfindet.

Individuelle Ausflüge sollten Sie immer frühzeitig online buchen. Das funktioniert entweder direkt über die Website des Veranstalters oder über Buchungsportale wie Get Your Guide, Rent-a-Guide, Viator oder Meine Landausflüge sowie Cruvidu für individuell zusammengestellte Ausflüge. Achten Sie dabei aber auf den Startpunkt der Ausflüge, denn meist liegt der Treffpunkt im Stadtzentrum und nicht am Kreuzfahrthafen.

Eine sehr individuelle Art, Land und Leute kennenzulernen, sind Fahrradausflüge. Vor allem AIDA und TUI Cruises bieten das direkt vom Schiff aus mit eigenen Fahrrädern oder E-Bikes an. Fahrradtouren kann man meist nur an Bord buchen. Weil die Plätze sehr begrenzt sind, sollten Sie sich dafür sofort nach der Einschiffung anmelden. Helm und Trinkflasche gibt's an Bord, passende Kleidung sollten Sie aber mitbringen. Individuelle Fahrradausflüge lassen sich unkompliziert mit Leihfahrrädern vor Ort arrangieren, wenn Sie sich die dazu nötige Smartphone-App vor der Reise auf Ihr Mobiltelefon laden und die Zahlungsdaten eintragen. Achten Sie aber auf mögliche lokale Gesetze, insbesondere in Hinblick auf Helmpflicht.

> **TIPP:** Eine weitere Option: Einfach mal gar keinen Landausflug buchen. In vielen Häfen liegt die historische Altstadt in Fußreichweite zum Schiff und ein netter Spaziergang durch die Gassen kann mindestens so erlebnisreich sein wie eine gebuchte Führung, bei der man sich die Details ohnehin nicht merken kann.

Nützliche Smartphone-Apps

Auch wenn Ihr Smartphone schon vor Apps überquillt: Installieren Sie sich schon vor der Reise die App der jeweiligen Reederei. Je nach Schiff können

Sie damit das Tagesprogramm abrufen, ganz bequem Restaurants oder Aus-flüge buchen, den aktuellen Stand Ihrer Bordrechnung prüfen oder sogar Getränke direkt an Ihren Liegestuhl am Pool bestellen.

Eine zuverlässige Seewettervorhersage bekommen Sie mit der App Windy in-klusive umfassender Prognosen für Windstärke, Regenmenge, Seegang und viele weiteren meteorologischen Daten. Windy bezieht sich insbesondere auch das Wetter auf See und nicht wie die meisten sonstigen Wetter-Apps nur auf das oft deutlich abweichende Wetter an Land.

Interessieren Sie sich für andere Schiffe, ist Marine Traffic ein Muss. Mit dieser App können Sie nicht nur den Standort des eigenen Kreuzfahrtschiffs verfolgen, sondern auch sehen, welche Schiffe Ihnen bald begegnen werden, und Frachter und Containerschiffe identifizieren, die Sie am Horizont vor-beifahren sehen.

Außerhalb des Euro-Raums leistet außerdem ein Währungsrechner wie XE Currency gute Dienste, um bei den Preisverhandlungen auf einem lokalen Markt mit fremden Währungen besser klarzukommen. Selbst wenn Sie nicht die gleiche Sprache wie der Händler sprechen, kann er den verlangten Betrag in Ihre App eintippen und Sie sehen das Äquivalent in Euro.

Apps und Accounts für ÖPNV und Taxi

Lust auf spontane Landausflüge auf eigene Faust per U-Bahn, Bus oder Stra-ßenbahn? Oder brauchen Sie ein Taxi zum oder vom Kreuzfahrthafen? Dann lohnt es sich, entsprechende Smartphone-Apps bereits zu Hause aufs Handy zu laden und Benutzerkonten anzulegen. Denn schnell mal ein ÖPNV-Ticket per App buchen ist nur dann komfortabel, wenn man nicht vor Ort erst Kreditkartendaten eintippen und auf Bestätigungs-E-Mails für die Anmel-dung warten muss.

Für Taxifahrten in Europa bietet sich beispielsweise *taxi.eu*, aber auch der Fahrdienst Uber an. In immer mehr Städten wird auch Fahrradverleih per App geboten. International aktive Anbieter sind zum Beispiel Lime und Jump, aber es gibt auch viele jeweils nur lokal aktive Fahrradverleiher mit eigenen Apps. Mit etwas Internetrecherche finden Sie heraus, für welche Dienste Sie sich für die einzelnen Häfen Ihrer Reise anmelden sollten. Gleiches gilt für die ÖPNV-Apps der lokalen Verkehrsbetriebe.

Die App City Mapper ist ein exzellentes Tool, um sich in fremden Städten mit Nahverkehrsmitteln, aber auch Fähren und Leihfahrrädern zu orientieren und den besten Weg von A nach B zu finden.

Packtipps

Was Sie für Ihren Urlaub typischerweise in den Koffer packen, wissen Sie selbst am besten. Ein Kreuzfahrtschiff ist wie ein Ferienresort an Land — nur dass es weder Apotheke noch Supermarkt an Bord gibt. Lediglich das Notwendigste wie Zahnpasta, Zahnbürste, Kopfschmerztabletten oder Sonnencreme wird an Bord verkauft. Denken Sie daher daran, die persönlich wichtigen Kosmetika und eine Grundversorgung an Medikamenten, Pflastern und Ähnlichem dabeizuhaben. Das spart im Fall eines Falles viel Zeit, die Sie für die Suche nach einer Apotheke oder Drogerie an Land verschwenden müssten.

Für Kreuzfahrten gibt es aber darüber hinaus ein paar Dinge, an die man vielleicht nicht sofort denkt, die jedoch besonders wichtig oder nützlich sind.

Kleiderordnung an Bord

Stil und Ambiente unterscheiden sich von Reederei zu Reederei deutlich, von steif und formell bis extrem locker. Achten Sie schon bei der Buchung darauf, dass Ambiente und Kleiderordnung zu Ihren eigenen Vorstellungen passen, damit Sie sich an Bord wohlfühlen. Tagsüber geht es üblicherweise locker zu. Abends empfiehlt sich dagegen gediegenere Kleidung. Tank Tops, Badehose oder Flipflops sind dann tabu, als Mindeststandard gelten meist lange Hosen ohne Löcher und ein T-Shirt mit Ärmeln.

Berücksichtigen Sie beim Kofferpacken den allgemeinen Dresscode der Reederei, insbesondere aber die Kleiderordnung für eventuell vorgesehene Galaabende. Dafür kann nämlich durchaus auch mal ein dunkler Anzug beziehungsweise ein elegantes Abendkleid angemessen sein. Sie haben keine Lust auf Abendgarderobe und Galadinner? In den Buffetrestaurants geht es immer leger zu.

Starker Sonnenschutz

Auf See, in der Karibik oder im sommerlichen Mittelmeer, noch mehr aber im hohen Norden und in der Antarktis ist guter Sonnenschutz essenziell:

Sonnencreme mit Schutzfaktor 30 aufwärts und eine hochwertige Sonnenbrille sind Pflicht. Verlassen Sie sich bei der Sonnenbrille nicht auf modischen Schnickschnack aus dem Drogeriemarkt oder einem Souvenirshop, denn die UV-Strahlung ist auf dem Wasser besonders intensiv.

Zum Schnorcheln und Baden vor allem in Äquatornähe haben sich T-Shirts mit eingebautem UV-Schutz bewährt. Denn ein normales T-Shirt schützt im Wasser nicht ausreichend vor Sonnenbrand, Sonnencreme im Salzwasser nur sehr bedingt. Außerdem benötigen Sie mit einem Shirt mit UV-Schutz weniger Sonnencreme und schonen so gegebenenfalls Korallenriffe, die Sonnencreme nicht gut vertragen.

Aloe Vera gegen Sonnenbrand

Wenn Sie sich trotz UV-Schutz einen Sonnenbrand eingefangen haben, sind Produkte mit hoch konzentrierter Aloe Vera am wirkungsvollsten. Solche Cremes und Gels sind teuer, können Ihnen aber den ganzen Urlaub retten. In vielen Tropenländern gibt es hoch konzentrierte Aloe Vera auch in Souvenirshops und Supermärkten zu kaufen.

Windschutz

Auch wenn es in die Wärme geht: Nehmen Sie eine leichte Regenjacke mit Kapuze als Windschutz mit. Denn am Meer weht häufig ein unangenehmer Wind und auf dem Schiff kommt der Fahrtwind hinzu. Kreuzfahrtschiffe sind immerhin mit bis zu 40 Kilometer pro Stunde unterwegs.

Mückenschutz

Denken Sie bei exotischeren Zielen an Mückenschutz. Zwar werden sich keine Mücken an Bord eines Kreuzfahrtschiffs verirren. Beim Landausflug benötigen Sie aber unter Umständen entsprechenden Schutz.

TIPP: Achten Sie auf den richtigen Wirkstoff: Er muss in der jeweiligen Region wirksam sein. In Europa geläufige Mittel helfen zum Beispiel oft nicht gegen bestimmte Mücken in der Karibik.

Badeschlappen oder Flipflops

Badeschlappen oder Flipflops sind praktisch für den Weg von der Kabine zum Swimmingpool oder zu Sauna und Spa. Umkleidekabinen gibt es zumindest am Pool von Kreuzfahrtschiffen nicht immer und wenn doch, dann typischerweise nur als Teil der Toilettenräume.

Tape-Band

Eine Allzweckwaffe und Mittel zur Selbsthilfe bei allerlei denkbaren Problemchen in der Kabine ist medizinisches Tape-Band wie Leukotape, das sich rückstandfrei wieder ablösen lässt. Damit befestigen Sie zum Beispiel ein Handtuch vor der Klimaanlage, wenn diese besonders unangenehm aufs Bett bläst. Oder das Klebeband hält den Vorhang bei Nacht geschlossen, wenn selbiger von allein nicht richtig schließt. Oder Sie kleben damit kleine Leuchten an Fernseher und Klimaanlage ab, wenn Sie es zum Schlafen in der Kabine gern komplett dunkel haben wollen. Und gegebenenfalls reparieren Sie damit auch notdürftig eine zerbrochene Brille oder einen kaputten Reißverschluss.

Magnethaken

Ein echter Profitrick sind magnetische Haken. Da die Kabinenwände aus Stahl sind, haften diese Haken überall und dienen als zusätzliche Aufhänger beispielsweise für Jacken, Handtücher oder auch mitgebrachte Deko, falls Sie Ihrer Kabine eine persönliche Note geben wollen.

Leuchtstift

Je größer ein Kreuzfahrtschiff, desto umfangreicher und vielfältiger ist das Tagesprogramm. Das wird schnell sehr unübersichtlich. Mit einem Textmarker streichen Sie sich die interessantesten Veranstaltungen und Termine an oder markieren Restaurantöffnungszeiten, um den Überblick zu behalten und nichts Wichtiges zu verpassen.

Leichter Schal

Unvermeidlich auf Kreuzfahrtschiffen sind Klimaanlagen. Theater und Restaurants müssen kurz vor Beginn der Vorstellung beziehungsweise des Essens heruntergekühlt werden, damit es beim plötzlichen Ansturm von Hunderten oder Tausenden von Menschen nicht unerträglich warm wird. Deshalb empfiehlt es sich, einen leichten Schal, ein Seidentuch oder eine leichte Jacke dabei zu haben, um sich vor dem allzu kühlen Luftstrom aus der Klimaanlage zu schützen.

Steckdosenadapter

Denken Sie an Steckdosenadapter für amerikanische Steckdosen. Zwar werden Sie auf nahezu allen Kreuzfahrtschiffen immer auch Euro- oder Schuko-Steckdosen vorfinden; auf neueren Schiffen sind sogar USB-Ladebuchsen vorhanden. Aber nicht immer reichen die Euro-Steckdosen für alle Ihre Geräte gleichzeitig aus.

Was Sie nicht mitnehmen sollten ...

 Sicherheit an Bord, Brandschutz, Zoll- und Hygienevorschriften oder schlicht praktische Überlegungen sind die wesentlichen Gründe dafür, dass jede Reederei eine gar nicht mal so kurze Liste an Gegenständen führt, die nicht mit an Bord dürfen. Waffen verstehen sich von selbst; aber auch sehr große Gegenstände wie Surfbretter müssen zu Hause bleiben, ebenso wie Drohnen oder Skateboards. Andere Verbote sind eher unerwartet. Lesen Sie sich am besten die Bedingungen der jeweiligen Reederei genau durch, um Probleme zu vermeiden.

Elektrogeräte

Elektrogeräte sollten Sie eher nicht auf ein Kreuzfahrtschiff mitnehmen. Die Reedereien haben dazu recht strenge Vorschriften und schreiben in ihren Katalogen oder auf der Website detailliert, was mit an Bord darf und was nicht. Grund dafür ist der Brandschutz.

Glätteisen oder Lockenstab sind meist erlaubt, ein Föhn dagegen nicht. Letzteren gibt es aber in Ihrer Kabine ohnehin standardmäßig. Mehrfachsteckdosen sind übrigens auch nicht gerne gesehen, manche Reedereien konfiszieren sie sogar.

Frische Lebensmittel

Recht strenge Regeln gelten auch für Lebensmittel, die oft mit den Zollvor-schriften und Einreisebestimmungen in angelaufenen Ländern zusammen-hängen. Insbesondere frische Lebensmittel wie Wurst, Fleisch, Obst und Gemüse dürfen meist nicht mit an Bord gebracht werden – auch nicht eine besondere Leckerei, die man während des Landausflugs auf dem Markt er-standen hat. Vakuumverpackte Lebensmittel und abgepackte Snacks wie Müsliriegel werden aber akzeptiert.

Alkohol

Eigene Getränke, insbesondere Alkohol, dürfen üblicherweise nicht mit an Bord gebracht werden. Bei alkoholfreien Getränken haben die Reedereien sehr unterschiedliche Regelungen, bei Alkohol sind sie dagegen strikt: Meist ist eine Flasche Wein pro Person erlaubt, Hochprozentiges gar nicht. Und auch der erlaubte Wein darf nur in der eigenen Kabine konsumiert werden. Wer mitgebrachten Wein im Restaurant trinken will, muss ein Korkengeld, eine Gebühr von durchaus auch einmal 25 US-Dollar pro Flasche zahlen.

Generell gilt: Findet die Reederei in Ihrem Gepäck beim Durchleuchten Gegenstände, die nicht mit an Bord dürfen, werden sie konfisziert und am Ende der Kreuzfahrt wieder ausgehändigt. Das gilt vor allem auch für alko-holische Getränke, die Sie als Souvenir von einem Landgang mitbringen.

Anreise

Lästig, aber unvermeidlich: Bevor die Seereise beginnt, müssen Sie erst ein-mal zum Abfahrtshafen des Schiffs kommen. Ein paar grundlegende Tipps helfen dabei, auf dem Weg zum Schiff größere Probleme zu vermeiden.

Wichtige Papiere ins Handgepäck

Bei Fluganreise die richtigen Dinge im Handgepäck zu haben, ist die beste Urlaubsversicherung. Packen Sie all das in die Handtasche oder den Ruck-sack, was Sie im Falle eines verloren gegangenen Koffers nicht entbehren und auch nicht auf die Schnelle vor Ort beschaffen können. Denn bei einer Kreuzfahrt stehen die Chancen – je nach angelaufenen Häfen – eher schlecht, dass Sie Ihren Koffer zeitnah nachgeliefert bekommen. Das Handgepäck ist dann alles, was Ihnen vielleicht sogar für mehrere Tage bleibt.

Ins Handgepäck gehören deshalb vor allem: wichtige Medikamente, Tickets, Reiseunterlagen und Reisepässe, ein Satz Ersatzunterwäsche, Handy-Ladegerät sowie Kamera samt Akkus und Ladegeräten. Je nach Temperatur am Zielort sollten Sie warme Kleidung im Handgepäck haben.

Dokumentenkopien im Koffer

Kopieren Sie alle Reisedokumente und legen Sie die Kopien in den Koffer. Das hilft bei der kurzfristigen Beschaffung von Ersatzdokumenten, falls die Originale beispielsweise gestohlen werden. Sie können Ihre wichtigsten Dokumente und Kreditkarten auch scannen und an einer passwortgeschützten Stelle online hinterlegen. Allerdings brauchen Sie für den Zugriff darauf dann im Notfall eine Internetverbindung.

TIPP: Achten Sie besonders bei der Anreise auf Ihr Handgepäck mit den Ausweispapieren. Denn wenn Ihnen die Handtasche mit dem Reisepass abhandenkommt, war's das mit der Kreuzfahrt. Längst nicht in jedem Hafen ist ein deutsches Konsulat in Reichweite, das Ersatzdokumente ausstellen kann; am Wochenende ohnehin nicht.

Leichtes Handgepäck

„Pack die Badehose ein" ist ein beliebter Trick erfahrener Kreuzfahrer. Nach der Einschiffung sind die Kabinen nämlich meist nicht sofort zugänglich. Für eine Weile haben Sie also nur Ihren Rucksack, Ihre Handtasche. Haben Sie Ihr Badezeug da schon zur Hand, beginnt der Urlaub am Pool des Schiffs von der ersten Minute an, während Ihre Mitreisenden noch auf die Freigabe der Kabinen warten.

Ansonsten gilt: Beladen Sie sich möglichst wenig mit Handgepäck. Denn bis Sie in Ihre Kabine dürfen, tragen Sie das alles mit sich herum. Das ist sowohl am Mittagsbuffet als auch bei einem ersten Rundgang übers Schiff ziemlich hinderlich. Aufbewahrungsmöglichkeiten für Handgepäck gibt es am Einschiffungstag üblicherweise nicht.

Notfalltelefonnummern

Sie werden es hoffentlich nie brauchen, aber wenn doch, ist es Gold wert: Notieren Sie sich in Ihren Reiseunterlagen die Hotline der Reederei und eine Telefonnummer, über die Sie im Notfall Ihr Reisebüro schnell erreichen können. Der Grund: Geht unterwegs etwas schief, bekommen Sie darüber schnell Hilfe – beispielsweise eine Umbuchung nach verpasstem Anschlussflug oder Unterstützung, wenn Sie das Schiff verpasst haben.

Besonders von Vorteil ist der Kontakt zu Ihrem Reisebüro, wenn bei der Kreuzfahrt selbst etwas schiefgeht, zum Beispiel wenn das Schiff zu spät in den Zielhafen zurückkehrt oder gar die Route geändert werden muss und Sie Ihren Flug dadurch nicht erreichen werden. Ihr Reisebüro ist in diesen Situationen besonders nützlich, weil außer Ihnen auch alle anderen Passagiere des Schiffs neue Flüge brauchen und die Kapazitäten meist sehr begrenzt sind. Hier gewinnt, wer am schnellsten reagieren kann und idealerweise Hilfe von außen hat.

Wichtiges am Einschiffungstag

Nutzen Sie die ersten ein oder zwei Stunden nach der Einschiffung dazu, sich zu orientieren und mit dem Schiff vertraut zu machen. Am Einschiffungstag organisieren Sie all das, was Sie im Vorfeld der Reise noch nicht tun konnten.

Erste Orientierung

Nehmen Sie den Deckplan zur Hand, den es meist bei der Einschiffung oder an der Rezeption gibt, und machen Sie einen Rundgang über alle Decks. Vor allem bei großen Schiffen bekommen Sie so einen guten Überblick über die schönsten Plätze und interessantesten Bereiche.

Während dieses Rundgangs können Sie quasi im Vorbeigehen auch gleich Restaurantreservierungen erledigen, gegebenenfalls Ihren zugewiesenen

Tisch im Hauptrestaurant suchen, das ansonsten nicht frei zugängliche Spa oder die Kinderbereiche besichtigen und die meist nur an Bord reservierbaren Landausflüge per Fahrrad buchen. Bei einem Rundgang finden Sie heraus, wann das Fitessstudio geöffnet hat, ob die Saunalandschaft kostenfrei nutzbar ist und Ähnliches mehr.

Lesen Sie sich nach der Einschiffung am besten auch gleich das aktuelle Tagesprogramm durch und markieren Sie interessante Punkte, damit Sie nichts Spannendes verpassen.

Besonders auf sehr großen Kreuzfahrtschiffen empfiehlt es sich, schon vor der Reise zu prüfen, welche Attraktionen und Restaurants man an Bord nutzen möchte. Am Einschiffungstag können Sie sich dann gezielt und frühzeitig um Buchungen oder Reservierungen dafür kümmern und auf diese Weise vermeiden, dass beliebte Attraktionen zur von Ihnen bevorzugten Zeit vielleicht schon ausgebucht sind. Das gilt vor allem für Topattraktionen wie die Kartrennbahn (NCL), North Star (Royal Caribbean), aber auch limitierte Angebote wie das beliebte Dinnererlebnis Chef's Table sowie Theater-Backstage-, Brücken- oder Küchenführungen.

Solche Führungen abseits der normalen Passagierbereiche des Kreuzfahrtschiffs sind oft nicht einmal im offiziellen Programm aufgeführt, weil die Kapazitäten dafür stark limitiert sind. Wenn Sie sich für so etwas interessieren, fragen Sie gezielt an der Rezeption danach. Oft werden Anmeldungen für solche Führungen gar nicht öffentlich ausgeschrieben, sind aber auf Nachfrage an der Rezeption nach dem Prinzip „wer zuerst kommt, mahlt zuerst" buchbar, gelegentlich sogar kostenlos.

Restauranttisch prüfen und ändern

Keine Lust auf den Katzentisch im Restaurant direkt am Eingang? Oder kein Bedarf, eine Woche lang an einem Acht-Personen-Tisch Smalltalk mit Fremden zu machen?

TIPP: Schauen Sie doch einfach im Restaurant vorbei und kontrollieren Sie, ob Sie einen angenehmen Platz zugeteilt bekommen haben. Welcher Tisch im Restaurant Ihnen zugeordnet wurde, steht meist auf ihrer Kabinenkarte oder in den Unterlagen, die Sie bei Ankunft in Ihrer Kabine vorfinden.

Für Änderungen ist der Restaurantleiter oder Maître d' zuständig, den Sie am Einschiffungstag meist am Eingang des Restaurants treffen. Bitten Sie ihn bei Bedarf um einen anderen Tisch, der eher Ihren Wünschen entspricht. Auch wenn Sie mit befreundeten Mitreisenden an einem Tisch sitzen wollen, lässt sich das hier organisieren, falls nicht schon vor der Reise mit Hilfe des Reisebüros arrangiert.

Restaurantpakete und Schnäppchen

Planen Sie, während Ihrer Reise in zuzahlungspflichtigen Spezialitätenrestaurants zu essen, ist der Einschiffungstag besonders interessant für Sie. Denn betrachten wir es realistisch: Reedereien sind vor allem daran interessiert, Geld zu verdienen. An Bord haben sie nur ein kurzes Zeitfenster, um ihre Services zu verkaufen und möglichst von der ersten Minute an auszulasten. Deshalb gibt es vor allem am Einschiffungstag oft attraktive Rabatte, 2-für-1-Angebote und derlei mehr.

Scheuen Sie sich also nicht davor, ganz gezielt nach Sonderaktionen und Rabatten zu fragen. Ansprechpartner dafür ist in den Restaurants der jeweilige Maître d', Restaurantleiter oder die Empfangsdame. Je größer das Schiff und je vielfältiger das Angebot, desto größer die Chancen auf Sonderaktionen. Aber Vorsicht: Lassen Sie sich dabei nichts aufschwatzen, was Sie eigentlich gar nicht wollten.

TIPP: Besonders gute Chancen auf Rabatte haben Sie, wenn Sie terminlich oder tageszeitlich flexibel sind. Buchungsschwache Zeiten sind typischerweise der Anreisetag und die Tage, an denen das Schiff im Hafen liegt. Sind viele Amerikaner an Bord, sind die Restaurants später am Abend oft wenig ausgelastet. Bei südeuropäischem oder lateinamerikanischem Publikum hingegen kann man Restaurantschnäppchen eher am frühen Abend machen.

Spa erkunden und Sonderpreise nutzen

Einschiffungstag ist meist Besichtigungstag in Spa und Beautysalon – und die einzige Gelegenheit während der Reise, sich das Spa und die Massageräume anzusehen. Die Spa-Mitarbeiter und -Mitarbeiterinnen führen durch das Spa und erklären die angebotenen Behandlungen, von einfachen Massagen bis zu exotischen (und teuren) Spezialbehandlungen.

Vor allem aber gibt es am Einschiffungstag typischerweise Sonderangebote für Schnellentschlossene und oft auch ein Gewinnspiel – natürlich verbunden mit einer kleinen Werbeveranstaltung für das Spa-Angebot. Wenn Sie sich während der Reise ohnehin eine Spa-Behandlung gönnen möchten, melden Sie sich dafür gleich am Einschiffungstag an und profitieren von den Rabatten.

Auf manchen Schiffen gibt es Wochenpässe für die Wellnessoase mit Sauna, Thalasso-Pool und Wärmeliegen. Ist der Preis günstig, ist die limitierte Zahl an Wochenpässen schnell ausgebucht. Auch hier sollten Sie sich also frühzeitig entscheiden – zumal Sie den Wellnessbereich ab dem Moment der Buchung auch sofort nutzen können.

Hinterlegen der Kreditkartendaten

Die Kreditkarte ist der bequemste Weg, die Bordrechnung auf einer Kreuzfahrt zu bezahlen – schon weil die Belastung automatisch geschieht und man sich am letzten Reisetag nicht an der Rezeption anstellen muss. Guthaben- beziehungsweise Prepaid-Kreditkarten werden nicht immer akzeptiert; hier sollte man vorher bei der Reederei nachfragen. Bei AIDA, MSC und TUI Cruises nimmt man aber auch deutsche Bankkarten.

Lassen Sie die Kreditkarte gleich bei der Einschiffung oder direkt danach an der Rezeption einlesen, bei manchen Reedereien geht das auch über Automaten nahe der Rezeption. Dann können Sie unkompliziert mit Ihrer Kabinenkarte überall an Bord bezahlen und die Abrechnung am Ende der Reise erfolgt automatisch über die hinterlegte Kreditkarte. Zur Rezeption müssen Sie nur dann, wenn die Rechnung nicht stimmen sollte, die Sie automatisch am letzten Tag bekommen.

Alternativ können Sie auch bar bezahlen, aber das ist recht umständlich. Denn dazu müssen Sie an der Rezeption Bargeld hinterlegen, um mit Ihrer Kabinenkarte bezahlen zu können – dem einzigen an Bord akzeptierten Zahlungsmittel. Zudem müssen Sie am Ende der Reise für die Endabrechnung persönlich bei der Rezeption vorsprechen.

Abrechnungswährung festlegen

Manche Reedereien bieten an, die Bordrechnung statt in der Bordwährung (US-Dollar) für Sie in Euro umzurechnen und in Euro der Kreditkarte zu belasten. Bestehen Sie auf Abrechnung in der Originalbordwährung, in diesen Fällen also in Dollar. Denn für die Umrechnung fallen Gebühren an und Ihre Kreditkartengesellschaft belastet Sie anschließend noch einmal mit Gebühren für den Auslandseinsatz der Karte. Für die Auslandsgebühr Ihrer Bank ist es unerheblich, in welcher Währung die Abrechnung erfolgt.

Persönlicher Notfallplan

Die Seenotrettungsübung ist der langweiligste Teil des Einschiffungstages – aber in einem Notfall der Wichtigste. Die Teilnahme an der Übung ist Pflicht. Nutzen Sie deshalb die ohnehin investierte Zeit, um sich wirklich aufmerksam mit dem Fluchtweg von Ihrer Kabine und mit der zugewiesenen Musterstation vertraut machen. In einem realen Notfall können Sie lebensrettende Minuten einsparen, wenn Sie die Orientierung nicht verlieren.

Sprechen Sie sich auch mit Familie und Freunden ab, damit jedem klar ist, dass man sich in einem Notfall direkt an der Musterstation trifft und nicht versucht, sich zunächst gegenseitig zu suchen.

Machen Sie sich auch klar, welche Medikamente Sie im Notfall unbedingt benötigen werden, damit Sie bei einem Alarm nicht lange danach suchen müssen, um sie zur Musterstation mitzunehmen. Gehen Sie davon aus, dass Sie in einem echten Notfall möglicherweise mehrere Stunden an der Musterstation verbringen müssen.

Natürlich sind solche Notfälle extrem selten. Aber gut vorbereitet zu sein schafft ein gutes Gefühl und spart im Ernstfall wertvolle Minuten. Die Seenotrettungsübung ernst zu nehmen, ist deshalb nicht nur Ehrensache, sondern auch von persönlichem Vorteil.

Kabine

In der Kabine können Sie im Bad für die gesamte Dauer der Reise eine Grundausstattung an Kosmetika erwarten, darunter Seife, Duschgel und Shampoo. Auch ein Föhn ist immer vorhanden, Handtücher ebenso. Badetücher für den Pool liegen entweder in der Kabine bereit oder werden direkt am Pool ausgegeben.

Vorsicht beim Mitbringen eigener Elektrogeräte: Ein Glätteisen ist meist erlaubt, vieles andere wie Wasserkocher aber verboten, oft auch Mehrfachsteckdosen. Grund sind strenge Brandschutzvorschriften. Lesen Sie im Zweifel in den Reisebedingungen nach, was Sie mitbringen dürfen.

Selbst Regenschirm, Nähzeug, Bademantel oder Badeschlappen sind manchmal vorhanden, teils aber abhängig von der gebuchten Kabinenkategorie. Der Reisekatalog gibt darüber Auskunft.

Schrankplatz, Stauraum, Kleiderhaken

Ablagefächer und Kleiderstangen sind in den Schränken von Schiffskabinen meist Mangelware. Reedereien sind aber recht kreativ beim Schaffen zusätzlichen Stauraums. Erkunden Sie Ihre Kabine genauer, findet sich meist zusätzlicher Platz – über dem Bett, unter dem Schreibtisch oder sogar im Inneren eines Sitzhockers.

Weniger häufig benötigte Kleidung lassen Sie am besten im Koffer, den Sie unters Bett schieben. Reichen die Kleiderbügel im Schrank nicht aus, fragen Sie Ihren Kabinensteward danach.

Kreuzfahrtprofis haben manchmal eigene Haken mit Magnetfuß dabei. Die Wände der Schiffskabine sind aus Metall, sodass diese Haken an der Wand haften. Fürs Badezimmer bietet sich ein Kulturbeutel an, den Sie am Handtuchhaken an der Badtür aufhängen können. Denn der Abstellplatz im Bad ist besonders knapp bemessen.

Feuer- und Rauchmelder

Da ist ein praktischer Kleiderbügelaufhänger an der Decke? Nutzen Sie ihn lieber nicht, denn das ist die Sprinkleranlage. Zerbricht das empfindliche, rote Glasröhrchen darin, startet unweigerlich der Löschwasserfluss.

Vermeiden sollten Sie auch, beim Duschen die Badtür länger als nötig zu öffnen – schon der entstehende Dampf kann den Rauchmelder in der Kabine auslösen. Dann klopft innerhalb kürzester Zeit ein Securitymitarbeiter an der Kabinentür, um nach dem Rechten zu sehen. Und den möchten Sie wohl eher ungerne nur mit einem Badetuch bekleidet empfangen.

Kabinenservice

Zweimal täglich (bei AIDA einmal) kommt der Kabinenservice zum Putzen, Staubsaugen und Betten machen. Abends, während Sie beim Dinner sind, gibt es noch einmal ein Kurzprogramm: Handtücher werden getauscht, das Bett aufgedeckt, das Programm und gegebenenfalls Restaurantreservierungen oder Ausflugstickets für den nächsten Tag deponiert.

TIPP: Suchen Sie gleich zu Beginn der Reise Kontakt zu Ihrem Kabinensteward oder Ihrer Kabinenstewardess, wechseln Sie ein paar nette Worte (meist auf Englisch). So merken Sie sich das Gesicht des für Sie zuständigen Crewmitglieds und können ihn oder sie am Gang leichter ansprechen, wenn Sie etwas brauchen oder Ihnen in der Kabine etwas nicht zusagt.

„Bitte nicht stören"

Nutzen Sie das Bitte-nicht-stören- beziehungsweise Bitte-Kabinenservice-Schild oder auf modernen Schiffen den entsprechender Schalter nahe der Eingangstür. Damit signalisieren Sie Ihrem Kabinensteward, wann er willkommen ist. Auf diese Weise können Sie begrenzt steuern, wann der Service stattfindet. Denn nichts ist unangenehmer, als vom Frühstück zurückzukommen und der Kabinensteward hat gerade erst angefangen, die Kabine zu putzen.

Meist stellt sich der Kabinensteward schnell auf Ihre Gewohnheiten ein. Am besten klappt es, wenn Sie ihm oder ihr direkt Bescheid sagen, wenn Sie auf Landausflug gehen oder einmal zu einer anderen Zeit als sonst zu Abend essen, damit er oder sie darauf reagieren kann.

Steckdosen und Strom

Wenn Sie viele elektrische Geräte dabeihaben, denken Sie an Steckdosenadapter für die amerikanische Steckernorm. Fast alle Schiffe haben zwar ein oder zwei Euro- oder Schuko-Steckdosen in der Kabine, alle anderen sind zumeist aber amerikanische Steckdosen.

Vor allem auf neueren Schiffen schaltet sich automatisch der Strom aus, wenn man die Kabine verlässt. Gesteuert wird das über die Kabinenkarte, die Sie in einen Schlitz neben der Eingangstür stecken.

Manchmal sind damit auch die Steckdosen tot, sodass weder Handy noch Kamera-Akku geladen werden. Auf vielen Schiffen tricksen Sie dieses System aus, indem Sie eine Visitenkarte in den Kartenschlitz stecken. Aber testen Sie, ob die Steckdosen dadurch wirklich Strom bekommen. Manchmal erkennen die Systeme diesen Trick nämlich und schalten dennoch ab. Ihre Kabinenstewards werden übrigens nichts dagegen haben – sie wenden solche Tricks nämlich auch selbst gern an.

Verlangt das System wirklich eine echte Kabinenkarte? Da gibt es einen nicht ganz sauberen Trick: Geben Sie vor, Ihre Kabinenkarte verloren zu haben und lassen sich an der Rezeption (kostenlos) eine neue ausstellen. Die alte Karte ist dann zwar deaktiviert und schließt nicht mehr die Kabinentür, aber der Strom bleibt an, solange die Karte steckt.

Klimaanlage steuern

Kreuzfahrtkabinen sind immer mit einer Klimaanlage ausgestattet, die sich nicht ganz ausschalten lässt. Auf moderneren Schiffen reduziert die Klimaanlage zum Energiesparen ihre Intensität, wenn man die Kabine verlässt oder die Balkontür öffnet.

Versuchen Sie gleich zu Beginn der Reise, eine angenehme Temperatureinstellung zu finden, indem Sie die Steuerung in kleinen Schritten verändern. Lassen Sie sich dabei eventuell vom Kabinensteward helfen und bitten Sie ihn darum, die Einstellung danach unverändert zu lassen.

> **TIPP:** Schließen Sie tagsüber die Vorhänge. So vermeiden Sie, dass der Raum und die Möbel von der Sonne aufgeheizt werden und die Klimaanlage bei Ihrer Rückkehr stark kühlen muss, um das auszugleichen.

Bläst die Klimaanlage unangenehm aufs Bett, hängen Sie ein Handtuch vor die Auslassschlitze, um den Luftstrom abzuleiten. Blockieren Sie die Klimaanlage aber nie vollständig.

An Bord

In manchen Aspekten unterscheidet sich eine Kreuzfahrt von einem Urlaub an Land. Die folgenden Tipps sollen Ihnen helfen, teure Fehler zu vermeiden und mit eventuellen Problemen zurechtzukommen.

Telefonieren

An Bord mit dem Handy telefonieren? Tun Sie es nicht! Denn egal, wo sich das Schiff gerade befindet: Das Mobilfunknetz an Bord ist nie ein EU-Netz. Nur solange Sie im Hafen sind, loggt sich das Handy wie gewohnt ins Mobilfunknetz an Land ein. Sobald das Schiff aber auf See ist, telefonieren Sie über eine Satellitenverbindung und das kann sehr schnell sehr teuer werden. Denn EU-Tarife, Beschränkungen von Roaminggebühren oder Warnmeldungen beim Überschreiten von Gebührengrenzen gibt es hier nicht.

Internet

 Um teure Verbindungen via Satellit auszuschließen, schalten Sie Ihr Smartphone an Bord immer in den Flugmodus. Für den Internetzugang über das schiffseigene WLAN bleiben Sie im Flugmodus und aktivieren lediglich die WLAN-Funktion. So können Sie sich ins Schiffsnetz einloggen und nach Kauf eines Internetpakets surfen und mailen.

Rauchen

Raucher haben es auf Kreuzfahrtschiffen nicht leicht. In Innenräumen ist das Rauchen grundsätzlich nicht gestattet. Ausnahmen sind oft das Spielkasino und eigene Raucherlounges, die oft aber wiederum auf Pfeifen und Zigarren beschränkt sind. Nur auf wenigen Schiffen ist das Rauchen noch auf dem Kabinenbalkon gestattet, insbesondere bei den meisten deutschen Reedereien inklusive AIDA und TUI Cruises sowie bei Costa. Auf den Außendecks gibt es ausgewiesene Raucherbereiche, die an Schildern und aufgestellten Aschenbechern zu erkennen sind. Die Raucherregeln gelten übrigens auch für E-Zigaretten.

Stört Sie der Zigarettenrauch eines unerlaubt rauchenden Mitreisenden auf dem Nachbarbalkon, scheuen Sie sich nicht davor, die Rezeption anzurufen.

Unerlaubtes Rauchen wird als Brandschutzrisiko betrachtet und von der Security umgehend unterbunden. Wer das Rauchverbot notorisch ignoriert, riskiert sogar ein vorzeitiges Ende seiner Kreuzfahrt.

Spezialitätenrestaurants

Das Essen im Buffet- und Hauptrestaurant ist im Reisepreis inklusive. Besondere Restaurants wie Steakhaus, japanischer Teppanyaki-Grill, Pizzeria, Seafood oder französischen Spitzenküche kosten dagegen meist extra. Die Reedereien haben dabei unterschiedliche Konzepte. Pauschalpreise für mehrgängige Menüs sowie A-la-carte-Preise wie in Restaurants an Land sind die gängigen Varianten. Bei AIDA gibt es auf den ganz großen Schiffen Restaurants, in denen das Essen kostenlos ist, dafür aber auch die Getränke bezahlt werden müssen, die im Büffetrestaurant inklusive sind.

Wollen Sie sich ein besonderes Dinner in einem Spezialitätenrestaurant gönnen, sollten Sie am besten gleich zu Beginn der Reise entsprechende Plätze reservieren. Die Plätze sind begrenzt und die besten Essenszeiten an den besten Tagen meist schnell ausgebucht.

TIPP: Mittags sind Spezialitätenrestaurants – mit einer etwas reduzierten Speisekarte – oft deutlich günstiger als abends. Manche Reedereien bieten Restaurantpakete an (beispielsweise MSC, Royal Caribbean, NCL). Hier buchen Sie mehrere Besuche in unterschiedlichen Spezialitätenrestaurants pauschal im Paket und zahlen dafür deutlich weniger als bei Einzelbuchung.

Wäscheservice

Auf allen Kreuzfahrtschiffen gibt es einen Wäsche- und Reinigungsservice zu fairen Preisen. Kreuzfahrtprofis nutzen diesen Service, weil es viel bequemer ist, als die Kleider an Land zur Reinigung zu bringen und wieder abzuholen. Vor allem bei formeller Kleidung wie Anzug oder Smoking ist das praktisch, weil man sich beim Kofferpacken dann keine Gedanken um Faltenbildung machen muss.

Oft gibt es in der Wäscherei kurz vor Ende der Reise Sonderaktionen, zum Beispiel einen kompletten Wäschesack pauschal für fünf Dollar. So sparen Sie sich die große Wäsche, wenn Sie wieder zu Hause sind.

Manche Schiffe verfügen übrigens auch über Waschsalons inklusive Bügeleisen zur Selbstbedienung. Das ist vor allem auf längeren Kreuzfahrten praktisch und günstig.

Was tun bei Problemen?

 Was tun, wenn etwas schiefläuft an Bord? Wichtigster Tipp: Sprechen Sie das zuständige Crewmitglied sofort auf Probleme oder Mängel an, also beispielsweise Ihren Kabinensteward oder den Restaurantkellner, oder melden Sie sich an der Rezeption. Keine falsche Scheu, die Leute sind dazu da, Ihnen zu helfen.

Haben Sie eine größere Beschwerde, machen Sie sich zunächst klar, welches Ziel Sie verfolgen. Wollen Sie eine Entschädigung? Soll der Mangel möglichst schnell abgestellt werden? Brauchen Sie Hilfe zur Selbsthilfe? Formulieren Sie deutlich, aber freundlich, was Sie erwarten. Ist Abhilfe bei größeren Problemen nicht möglich, dokumentieren Sie die Situation für eventuelle spätere Forderungen. Übrigens: Nehmen Sie an Bord eine Entschädigungsleistung an, können Sie später in der Regel keine darüber hinausgehenden Ansprüche mehr geltend machen.

> **TIPP:** Die Mitarbeiter an der Rezeption, so unscheinbar sie oft wirken, haben viel Macht. Bei einem höflichen Passagier mit ruhig vorgetragenen Argumenten sind sie viel eher entgegenkommend als gegenüber einem Gast, der fordernd, laut und unfreundlich auftritt. Bedenken Sie dabei immer: Auch Crewmitglieder sind nur (sehr hart arbeitende) Menschen.

Seekrankheit

Lassen Sie sich von Ihrem Hausarzt ein Medikament gegen Seekrankheit verschreiben und machen Sie sich weiter keine Gedanken dazu. Je größer das Schiff, desto weniger Schiffsbewegungen werden

Sie spüren und auf den meisten Reisen ist die See ohnehin ruhig – außer Sie fahren durch Gebiete mit notorisch hohen Wellen und starken Winden wie etwa die Drake-Passage in die Antarktis oder die Dänemarkstraße zwischen Island und Grönland.

Droht allerdings stärkerer Seegang, nehmen Sie die Medikamente frühzeitig ein – lieber einmal zu viel als einmal zu wenig. Denn sind Sie erst einmal seekrank, wirken Tabletten nur noch sehr begrenzt.

Alternativ zu Medikamenten schwören manche Menschen auf Ingwer, andere auf die Homöopathie und wieder andere auf Akkupressurarmbänder (Sea Bands). Die Wirkung dieser Alternativen ist umstritten; sie können aber einen gewissen Placeboeffekt haben.

Vergessen können Sie dagegen Tipps wie frische Luft oder Blick zum Horizont – das mag ein wenig helfen, wird aber keine ernsthafte Seekrankheit abwenden. Und die Konzentration auf den Horizont führt nur dazu, dass Sie ständig an Ihre Seekrankheit denken, statt sich abzulenken.

Sollte es Sie erwischt haben, gehen Sie sofort zum Bordarzt und lassen sich helfen. Keine falsche Scham – hinauszögern macht die Sache nur schlimmer. Die Beschwerden lassen sich ein wenig lindern, indem man sich hinlegt und die Augen schließt. Mit etwas Glück unterbindet man damit sogar eine aufkommende Seekrankheit, bevor es richtig losgeht.

Bordhospital und Schiffsarzt

Brauchen Sie medizinische Hilfe oder haben sich auf einem Landausflug verletzt? Auf jedem Kreuzfahrtschiff mit mehr als 100 Menschen (Passagiere und Crew) ist mindestens ein Schiffsarzt vorgeschrieben. Vor allem die großen Kreuzfahrtschiffe verfügen über sehr gut ausgestattete Bordkrankenhäuser, teils sogar mit intensivmedizinischer Ausrüstung und entsprechend ausgebildeten Ärzten und Krankenschwestern.

Rechnen Sie auf internationalen Schiffen damit, dass der Arzt nur Englisch spricht. Im Notfall stehen aber auf Nachfrage meist deutschsprachige Gästebetreuer zum Übersetzen bereit.

Die Behandlung an Bord wird prinzipiell auf Privatrechnung durchgeführt. Um diese Kosten zuverlässig abzudecken, sollten Sie eine Auslandskrankenversicherung haben *(siehe Reisevorbereitung)*. Kann das Medical Center an

Bord nicht mehr helfen, ist ein Transport ins nächste Krankenhaus nötig – entweder per Hubschrauber oder indem das Kreuzfahrtschiff einen Zwischenstopp im nächsten erreichbaren Hafen einlegt.

Alarmsignale

Für Notsituationen gibt es an Bord von Schiffen ein Alarmsystem, das über Lautsprecherdurchsagen, Signaltöne und das Schiffshorn funktioniert. Das einzige für Passagiere relevante Signal ist der General Alarm, erkennbar an einer Abfolge von sieben kurzen und einem langen Signalton. Für Sie bedeutet das: Warme Kleidung (auch in warmen Fahrtgebieten), Mütze oder Hut, Sonnenschutz sowie wichtige Medikamente aus der Kabine holen und zu Ihrer Musterstation gehen. Wo die ist, steht auf der Rückseite der Kabinentür. Bei manchen Reedereien nehmen Sie auch die Rettungsweste aus der Kabine mit. In jedem Fall sind aber für alle Passagiere an der Musterstation noch einmal ausreichend Rettungswesten vorhanden. All das trainieren Sie zu Reisebeginn mit der Seenotrettungsübung.

Der General Alarm bedeutet ausdrücklich nicht die Evakuierung des Schiffs, sondern ist quasi eine Alarmbereitschaft, sodass bei Verschlimmerung der Notsituation eine schnelle Reaktion möglich ist.

Hören Sie das Schiffshorn außerhalb einer Alarmsituation, kann das ein Gruß an ein vorbeifahrendes Schiff sein, das Ablegesignal im Hafen oder ein kurzer Warnton an ein anderes Schiff sein, zum Beispiel wenn ein Sportboot zu nahe kommt. Wenn es brenzlig wird, werden drei kurze Töne in Folge geblasen.

Ertönt das Schiffshorn kontinuierlich alle zwei Minuten, herrscht sehr wahrscheinlich Nebel. Unterhalb einer bestimmten Sichtweite ist trotz moderner Satellitenortung und Radar das Blasen des Nebelhorns nämlich Vorschrift. Das kann mystisch-romantisch wirken, aber auch ziemlich nerven, wenn man in der Nacht schlafen will.

Codierte Alarmdurchsagen

Bei Notfällen an Bord kommuniziert das Schiffspersonal soweit wie möglich zunächst per Funk. Ab einem bestimmten Punkt lassen sich öffentliche Alarmsignale an Bord aber nicht mehr vermeiden. Um die Passagiere nicht allzu sehr zu beunruhigen, geschieht das per Lautsprecheranlage mit jeweils dreimal wiederholten Codewörtern.

Diese Alarmdurchsagen können einen medizinischen Notfall, Mann über Bord oder auch ein Feuer bedeuten und rufen die jeweils zuständigen Notfallkräfte auf ihre Posten. Wird in der Durchsage ein Ort genannt, sollte man sich trotz aller Neugier von dort fernhalten, um die Einsatzkräfte nicht zu behindern.

Die Codes unterscheiden sich von Reederei zu Reederei. Code Bravo wird jedoch üblicherweise für Feuer benutzt, kann aber auch Mann über Bord bedeuten. Code Alpha ist in der Regel ein medizinischer Notfall, wird aber auch bei Feuer gebraucht. Code Charlie ruft meist das Sicherheitspersonal zu einem Vorfall. Wenn Sie Ihre Neugier zu sehr plagt, fragen Sie ein Crewmitglied nach der Bedeutung der Durchsage.

Landausflüge

Das Kreuzfahrtschiff ist Ihr schwimmendes Hotel, von dem aus Sie jeden Tag neue Städte, Inseln, Länder erkunden. Die folgenden Tipps sollen Ihre Landausflüge möglichst angenehm und sicher machen.

Dokumente nicht vergessen

Für den Landgang brauchen Sie auf jeden Fall die Kabinenkarte und gegebenenfalls Ihr Ausflugsticket. Lassen Sie alles in der Kabine, was Sie nicht wirklich brauchen, denn dort ist es sicher aufgehoben. Ob Sie einen Personalausweis oder Reisepass an Land benötigen, erfahren Sie an Bord. Oft genügt für Kreuzfahrer die Kabinenkarte auch als Ausweis an Land, manchmal reicht eine Passkopie. Es empfiehlt sich, Kopien von Impfpass und gegebenenfalls medizinischen Nachweisen mitzunehmen, damit sie im Fall eines Unfalls schnell zur Hand sind.

Telefonnummer des Schiffs

Ihre Sicherungsleine beim Landgang: Nehmen Sie immer die Telefonnummer des Schiffs oder des zuständigen Hafenagenten mit. Diese Nummer finden Sie gewöhnlich im Tagesprogramm; manchmal steht sie auch auf der Kabinenkarte.

Verspäten Sie sich beispielsweise bei der Rückkehr von einem Ausflug zum Schiff, stehen Ihre Chancen deutlich besser, dass der Kapitän auf Sie wartet, wenn er Bescheid weiß, wo Sie sind und wie lang Sie noch brauchen. Auch wenn Sie einen Unfall an Land hatten, kann Sie der Hafenagent eventuell unterstützen. Und wenn Sie das Schiff wirklich verpassen sollten, hat der Hafenagent höchstwahrscheinlich zumindest Ihren Reisepass und andere wichtige Unterlagen aus Ihrer Kabine holen lassen, die Sie brauchen, um dem Schiff hinterherzureisen.

Kriminalität und Wertsachen

Per Kreuzfahrtschiff reisen Sie in einer sicheren Glitzerwelt. Aber mit nur einem Schritt betreten Sie oft ein Land mit großer Armut oder hoher Kriminalitätsrate. Nicht nur zum Schutz vor Taschendieben und Überfällen, sondern auch aus Respekt vor der lokalen Bevölkerung sollten Sie daher keine teuren Uhren oder Schmuck tragen. Kameras verstecken Sie besser in einer unauffälligen Tasche und den Trageriemen mit dem großen Aufdruck, um welches teure Modell es sich handelt, ersetzen Sie lieber durch einen neutralen, unauffälligen Gurt.

Denken Sie bei Ihrer Kleidung auch an religiöse und kulturelle Konventionen. In Süditalien werden Sie mit schulterfreiem Oberteil auch heute noch keine Kirche besichtigen können und in vielen arabischen Ländern bleiben Ihnen die schönsten Moscheen verschlossen, wenn Sie als Frau kurze Hosen tragen.

Am besten wählen Sie einen möglichst unauffälligen Kleidungsstil, der nicht zu sehr heraussticht. Teure Marken sollten Sie ohnehin nicht zur Schau stellen; das weckt Begehrlichkeiten und stößt auf Ablehnung.

TIPP: Bei hohem Diebstahlrisiko – von Neapel bis Jamaica – empfiehlt es sich, immer ein paar Münzen und kleine Geldscheine lose in der Hosentasche zu haben, damit Sie nicht schon an der nächsten Eisdiele öffentlich zeigen müssen, wo Sie Ihre Geldbörse versteckt haben.

Timing bei Landausflügen

Prüfen Sie bei organisierten Landausflügen auf dem Ticket genau, ob der Treffpunkt am Schiff ist, beispielsweise in einer Lounge oder im Theater, an

Land im Kreuzfahrtterminal oder direkt beim Ausflugsbus. Bei Treffpunkt an Land sollten Sie genug Pufferzeit fürs Verlassen des Schiffs einplanen. Denn zu diesem Zeitpunkt wollen potenziell ein paar Hundert andere Passagiere ebenfalls von Bord gehen.

Bei größeren Gruppen fährt der erste Bus oft schon los, sobald genug Teilnehmer da sind. Etwas früher am Treffpunkt zu erscheinen, kann also durchaus ein Vorteil sein.

Abseits der Touristenmassen

Wenn Sie Ausflüge auf eigene Faust planen und zeitlich flexibel sind, verhalten Sie sich antizyklisch und meiden Sie die Stoßzeiten: Gönnen Sie sich ein ausgedehntes Frühstück, während alle anderen an Land drängeln.

Für ein individuelles Erlebnis meiden Sie typische Touristenfallen. Direkt am Kreuzfahrthafen gibt es zum Beispiel in der Karibik oft künstliche Dörfer nur für die Touristen. Aber auch anderswo sollte Ihr Ziel sein, so schnell wie irgend möglich an all den Taxifahrern, Touranbietern und Souvenirverkäufern vorbeizukommen.

Informieren Sie sich schon zu Hause über Öffnungszeiten von Museen oder anderen Attraktionen und planen Sie, entweder sehr früh oder sehr spät dorthin zu fahren. Kommen Sie also den geführten Gruppen zuvor oder warten Sie, bis sich der große Andrang gelegt hat. Trinken Sie einen gemütlichen Kaffee an der Piazza vormittags um 11 Uhr, wenn die geführten Gruppen dort zwischen mittags und frühem Nachmittag aufschlagen.

Auch wenn gerade vier große Schiffe mit zusammen 15.000 Passagieren im Hafen liegen, werden Sie immer ruhige Ecken abseits der Massen finden. Oft ist schon zwei Seitenstraßen entfernt keiner Ihrer Mitreisenden mehr zu sehen. Achten Sie nur auf Ihre Sicherheit, denn nicht in allen Häfen ist es empfehlenswert, die von der Polizei besonders bewachten Touristenbereiche zu verlassen.

Abfahrtszeit und Liegezeiten

Wenn Sie nach einem Landgang exakt zur Abfahrtszeit des Kreuzfahrtschiffs zum Hafen zurückkommen, können Sie nur noch winken. Denn Achtung: Abfahrtszeit und Zurück-an-Bord-Zeit sind nicht dasselbe. Beim Aussteigen sehen Sie üblicherweise eine Tafel mit der Info, wann Sie spätestens wieder an Bord sein müssen – meist etwas eine halbe Stunde vor der offiziellen Abfahrt. Zu diesem Zeitpunkt werden die Gangway abgebaut und die Leinen nacheinander losgemacht. Zurück aufs Schiff kommen Sie dann nicht mehr, auch wenn das Ablegemanöver noch 20 oder 30 Minuten dauert.

Sollte Ihnen tatsächlich einmal passieren, dass Sie das Schiff verpassen, nehmen Sie sofort Kontakt mit dem Hafenagenten auf. Das ist der Vertreter der Reederei an Land; der kann Ihnen vielleicht noch helfen. Schreien und dem Kapitän winken nützt jedenfalls nichts.

Ähnliches gilt übrigens meist für die Ankunftszeit. Machen Sie keine Hektik, wenn Sie noch beim Frühstück sitzen, während die Crew unten an der Pier schon die Leinen festmacht. Das Schiff muss danach erst noch von den Behörden freigegeben und die Gangway aufgebaut werden. Von der Ankunft des Schiffs im Hafen bis zum Von-Bord-Gehen dauert es in der Regel rund eine halbe Stunde, manchmal auch deutlich länger. Achten Sie auf die entsprechenden Durchsagen.

> **TIPP:** Haben Sie es sehr eilig, von Bord zu kommen, gehen Sie langsam in Richtung Ausgang, sobald das Schiff fest an der Pier vertäut ist. Meist öffnet der Ausgang ein paar Minuten vor der entsprechenden Durchsage. Stehen Sie der Crew aber nicht im Weg, die dort alle Vorbereitungen zum Aussteigen treffen muss. Bei manchen Reedereien werden Sie die Crewmitglieder allerdings bitten, den Ausgangsbereich wieder zu verlassen, solange es keine Durchsage gab.

Ausschiffung und Heimreise

Je nach Reederei ist das Procedere der Ausschiffung gut organisiert, daher gibt es selten größere Engpässe. Denn jeder Passagier bekommt eine Farbe oder Nummer zugewiesen, sodass die Ausschiffung geordnet per Lautsprecherdurchsage in kleineren Gruppen abläuft. Wo das nicht der Fall ist, vermeiden Sie die erste Stunde nach dem Anlegen, denn da drängen die meisten Passagiere vom Schiff.

Rechnung am Tag vor der Abreise

Ihre Bordrechnung prüfen Sie am besten schon am frühen Nachmittag vor dem Abreisetag. Oft können Sie den aktuellen Stand der Rechnung auf dem Fernseher in Ihrer Kabine oder in der Handy-App der Reederei einsehen. Ansonsten druckt die Rezeption Ihnen auf Wunsch eine vorläufige Rechnung aus. Finden Sie Unstimmigkeiten frühzeitig, vermeiden Sie die meist langen Schlangen an der Rezeption am Ausschiffungstag und können alles in Ruhe und ohne Zeitdruck klären.

Das Auschecken erfolgt übrigens automatisch bei Verlassen des Schiffs, sofern Sie eine Bankkarte oder Kreditkarte zur Bezahlung Ihrer Bordrechnung hinterlegt haben. Am Ausgang wird einfach Ihre Kabinenkarte gescannt. An die Rezeption müssen Sie zum Auschecken nur, wenn Ihre Bordrechnung nicht vollständig beglichen ist.

Trinkgeld und Servicegebühren

Die Trinkgeldempfehlungen und -regelungen unterscheiden sich von Reederei zu Reederei sehr. Sie reichen von „Trinkgeld ist im Reisepreis inklusive" bis zu konkreten Beträgen, die automatisch dem Bordkonto belastet werden. Selbst der Name für diesen zusätzliche Obolus variiert: Trinkgeld, Servicegebühr, Serviceentgelt oder auf Englisch tip, gratuities oder service charge.

Achten Sie schon bei der Buchung Ihrer Kreuzfahrt auf die Trinkgeldregelung der jeweiligen Reederei. Formal ist dieser Obolus zwar freiwillig, letztlich besteht aber zumindest eine moralische Verpflichtung dazu. Denn die offiziell empfohlenen Beträge werden nicht nur erwartet, sondern sind meist ein wichtiger Bestandteil des Gehalts der ohnehin nicht sonderlich gut bezahlten Servicecrew.

Achtung: Die Trinkgeldregelungen sehen unter Umständen anders aus, wenn Sie Ihre Reise statt in Deutschland in einem anderen Land buchen. Deutsches Wettbewerbsrecht schreibt vor, dass zwingend zu bezahlendes Trinkgeld bereits im Reisepreis enthalten sein und entsprechend ausgewiesen werden muss. Reedereien in anderen Ländern haben gelegentlich abweichende Regelungen.

Unausweichlich sind auf vielen, vor allem internationalen Schiffen die Servicegebühren für Getränke an der Bar sowie Leistungen im Spa. Auf die Preise in der Getränkekarte oder bei den Spa-Behandlungen werden automatisch und nicht stornierbar zwischen 7 und 20 Prozent Servicegebühr aufgeschlagen; am gängigsten ist ein Satz von 15 Prozent.

Wie das Trinkgeld oder die Servicegebühr eingefordert oder kassiert wird, unterscheidet sich je nach Reederei deutlich: Mal steht lediglich eine Box an der Rezeption, in die man freiwillige Trinkgeldbeträge einwerfen kann. Mal gibt es am vorletzten Tag der Reise einen Brief mit der freundlichen, aber eindeutigen Erinnerung samt Betragsempfehlung. Häufig wird der erwartete Betrag automatisch dem Bordkonto belastet. In letzterem Fall müssen Sie an der Rezeption vorsprechen, wenn Sie die – formal freiwillige – Gebühr nicht bezahlen möchten.

Kofferservice zur Ausschiffung

Typischerweise bekommen Sie am Tag vor der Ausschiffung farbige Bänder zum Markieren Ihrer Koffer in die Kabine geliefert. Die fertig gepackten, mit den Farbbändern markierten Koffer stellen Sie abends zur angegebenen Zeit auf den Kabinengang. Nach der Ausschiffung bekommen Sie das Gepäck dann im Terminalgebäude zurück. Das ist bequem, weil Sie den Koffer nicht selbst von Bord tragen müssen. Dafür sind Sie bei der Ausschiffung an die vorgegebene Ausschiffungszeit gebunden, die durch die Farbe des Kofferbandes bestimmt wird.

TIPP: Wenn Ihnen die zugewiesene Ausschiffungszeit nicht passt, fragen Sie an der Rezeption nach Wechselmöglichkeiten. Oft lässt sich das noch ändern.

Zeitlich flexibler sind Sie, wenn Sie Ihren Koffer selbst von Bord nehmen. Viele Reedereien bieten dafür einen so genannten Express-Check-out zur Ausschiffung recht früh am Morgen an. Während der späteren Ausschiffungszeiten sehen die Reedereien es meist nicht gern, wenn man seinen Koffer nicht am Vorabend abgegeben hat, akzeptieren es aber – vorausgesetzt, Sie benötigen beim Tragen des Koffers keine Hilfe.

Kleidung für den Abreisetag

Ein nicht unerhebliches Risiko birgt die Abgabe des Koffers am Vorabend: Denken Sie unbedingt daran, die für den nächsten Morgen nötige Kleidung zurückzuhalten und nicht in den Koffer zu packen. Denn an diesem kommen Sie am Morgen des Ausschiffungstages definitiv nicht mehr heran. Haben Sie nur einen Schlafanzug, müssen Sie wohl oder übel im Schlafanzug oder Nachthemd von Bord gehen.

Persönliche Tipps

Auf meinen Kreuzfahrten habe ich schon so einiges Verrücktes erlebt. Neben dem eingangs beschriebenen Frühstück im Schlafanzug gab es da diese Woche rund um Kuba ohne Koffer, nur mit einem Satz Unterwäsche, die ich abends im Waschbecken der Schiffskabine wusch und unter der Klimaanlage trocknete, um morgens wieder etwas zum Anziehen zu haben. Als der Koffer eine Woche später von der Airline bei mir zu Hause angeliefert wurde, war er ausgeräubert – aber nicht ohne einen Zettel des offenbar wohlerzogenen Diebs mit der handschriftlichen Notiz „Thank you very much".

Warum erzähle ich Ihnen diese Anekdoten? Die Kreuzfahrt ist eine Form von Massentourismus und bringt zwangsläufig ein paar eher unangenehme oder seltsame Aspekte mit sich. Das Erlebnis ist oft nicht so individuell, wie man sich das erträumt – oder ungewollt individueller, als man es sich wünscht. Nicht alles läuft perfekt. Und die Crew kann angesichts der Vielzahl der Passagiere auf großen Schiffen nicht übermäßig flexibel auf die Wünsche des Einzelnen eingehen.

Meine ganz persönliche Erfahrung ist, dass die Kreuzfahrt die schönste Urlaubsform überhaupt sein kann, wenn man sich auf das Gesamtpaket inklusive seiner kleinen Nachteile einlässt und mit Gelassenheit und einer positiven Grundeinstellung an die Sache herangeht. Nimmt man gelegentliche Unannehmlichkeiten locker und nicht allzu persönlich, rettet man in vielen Fällen seine Urlaubsstimmung.

Statt mich beispielsweise bei meinem Kuba-Erlebnis darüber zu echauffieren, dass ich auch am fünften Tag noch dasselbe T-Shirt wie am ersten Tag trage, weil es mein einziges ist, stehe ich einfach mit dem besten Mojito der Welt in der Hand an der Reling, schaukle einem traumhaften Sonnenuntergang entgegen und lasse mir eine karibisch-warme Brise um die Nase wehen. Mich über die Unfähigkeit der Airline zu ärgern, meinen Koffer zu finden, und über ihre Frechheit, mich eine Woche lang über seinen Verbleib anzulügen, dazu habe ich zu Hause immer noch Gelegenheit.

Einer der wichtigsten Gründe, warum ich persönlich immer wieder gern auf Kreuzfahrt gehe, ist die Crew. Auf fast allen Schiffen trifft man derart liebenswerte und auch beeindruckende Menschen, die sehr hart arbeiten, immer mit einem Lächeln auf den Lippen und stets darum bemüht, alles für ihre Gäste zu tun. Es ist immer wieder erstaunlich, wie viele Crew-mitglieder alles darangeben, trotz Arbeitsbelastung und der Vielzahl der Passagiere an Bord auch sehr individuelle Wünsche zu erfüllen – sofern man sie umgekehrt nur wertschätzt und ihnen zeigt, wie sehr man ihre Arbeit zu würdigen weiß. Oft setzen solche zwischenmenschlichen Erlebnisse das i-Tüpfelchen auf eine Reise, auf die man sich lange gefreut hat und von der man noch auf Jahre zehrt.

Kreuzfahrt-Lexikon

Hier finden Sie kurze Erläuterungen zu einigen Begriffen und Funktionen, die man als Kreuzfahrer kennen sollte, mit ihren englischen Pendants, sofern diese abweichen:

ATRIUM – ATRIUM: Zentralbereich, der sich auf vielen Kreuzfahrtschiffen über mehrere Decks in die Höhe erstreckt. Hier befinden sich üblicherweise auch Rezeption, Zahlmeister/Purser und der Buchungsschalter für Landausflüge.

AUSSENKABINE – OUTSIDE CABIN, OCEANVIEW CABIN: Kabine mit Fenster oder Bullauge, ohne Balkon. Fenster lassen sich auf Kreuzfahrtschiffen nicht öffnen.

AUSSCHIFFUNG – DISEMBARKATION: der Aussteigevorgang am Ende der Kreuzfahrt

BACKBORD – PORT SIDE: die in Fahrtrichtung linke Seite des Schiffs. Die gegenüberliegende Seite heißt Steuerbord (starboard).

BALKONKABINE – BALCONY, VERANDAH CABIN: Kabine mit Balkon

BARKELLNER – BAR STEWARD: zuständig für alkoholische oder zuzahlungspflichtige Getränke während der Mahlzeiten sowie für den Service an den Bars

BORDKARTE, KABINENKARTE – KEYCARD: Auf den meisten Schiffen ersetzt eine elektronische Schlüsselkarte im Scheckkartenformat den Kabinenschlüssel. Die Bordkarte funktioniert entweder per Magnetstreifen oder berührungslos über einen eingebauten RFID-Chip. Sie dient zur Identifikation beim Betreten und Verlassen des Schiffs und zur Bezahlung der Nebenkosten, beispielsweise von Getränken an der Bar oder in den Shops an Bord. Am Ende der Reise werden die aufgelaufenen Kosten von der Kreditkarte oder EC-Karte abgebucht beziehungsweise von der Bareinzahlung abgezogen, die man zu Beginn der Reise geleistet hat, je nachdem, welche Zahlungsart man gewählt hat – siehe auch „Rechnung".

BORDGUTHABEN – ONBOARD CREDIT: Aus diversen Gründen kann es sein, dass Ihrem Bordkonto Geld gutgeschrieben wird: als Bonus Ihres Reisebüros, als Teil einer Werbeaktion der Reederei oder auch wenn die Reederei sich für eine Unannehmlichkeit entschuldigen will. Entsprechend niedriger fällt am Ende der Reise die Rechnung aus. Beachten Sie, dass manche Gutschriften beispielsweise im Rahmen von Werbeaktionen unter Umständen nicht für alle Ausgaben an Bord einsetzbar oder zumindest am Ende der Reise nicht in bar auszahlbar sind – eine entsprechende Information bekommen Sie aber gewöhnlich in Zusammenhang mit der Gutschrift.

BRÜCKE – BRIDGE: Von dort aus kommandiert ein Offizier oder gelegentlich auch der Kapitän selbst das Schiff. Die Brücke ist für Passagiere in der Regel nicht zugänglich; manche Reedereien bieten aber Brückenführungen an.

BUG – BOW, FORWARD: „Spitze" des Schiffs, ganz vorne

BUGSTRAHLRUDER – BOW THRUSTER: seitlich ausgerichtete Propeller am Bug des Schiffs zur besseren Manövrierbarkeit, vor allem beim An- und Ablegen

CHEFKOCH – HEAD CHEF, EXECUTIVE CHEF: ranghöchster Koch in der Galley, für alle Restaurants an Bord verantwortlich. Über dem Chefkoch steht meist ein Corporate Chef, der flottenweit für den Küchenbetrieb verantwortlich ist und unter anderem für einheitliche Qualitätsstandards und die Menüpläne verantwortlich ist.

CHIEF ENGINEER: für die gesamte Technik an Bord verantwortlicher Offizier, von den Maschinen bis zur Klima- und Sanitärtechnik.

EINSCHIFFUNG – EMBARKATION, CHECK-IN: der Einsteigevorgang einschließlich dem Überprüfen der Reiseunterlagen und Ausstellen der Bordkarte im Kreuzfahrtterminal

FLAGGE – FLAG: Die Flagge zeigt an, in welchem Land das Schiff registriert ist und welche hoheitliche Zuständigkeit für das Schiff gilt.

FOOD & BEVERAGE MANAGER, F&B MANAGER: verantwortet alle Bars, Restaurants und Küchen an Bord. Er koordiniert die Lebensmittel- und Getränkebestellungen und deren Anlieferung ans Schiff.

GANGWAY: Treppe oder brückenartiger Steg zum Betreten und Verlassen des Schiffs. In großen Kreuzfahrthäfen kommen stattdessen bewegliche Brücken am Kreuzfahrtterminal zum Einsatz, die denen an Flughäfen ähneln.

HAUSDAME – CHIEF HOUSEKEEPER: Vorgesetzte des Servicepersonals für die Kabinen und Suiten.

HECK, ACHTERN – STERN, AFT: hinterer Teil des Schiffs

HILFSKELLNER – ASSISTANT WAITER, BUSBOY: Hilfskraft für den Kellner, die meist fürs Abräumen des Geschirrs sowie für kostenlose Getränke und Brot zuständig ist

HOTELDIREKTOR – HOTEL MANAGER (HOTMAN): ranghöchster Offizier für den Hotel- und Entertainmentbereich. Ihm unterstehen in der Regel die Restaurants, Bars, Rezeption und der Kabinenbereich. Auf deutschen Schiffen gibt es manchmal einen General Manager, dem der Hotelmanager dann untergeordnet ist.

INNENKABINE – INSIDE CABIN: Kabine ohne Fenster. Auf einigen Schiffen gibt es virtuelle Fenster, bei denen auf einem Bildschirm mit Live-Video ein Fenster simuliert wird.

KABINE – STATEROOM, CABIN: das Hotelzimmer an Bord

KABINENSTEWARD – CABIN STEWARD: Personal, das für die Pflege und Reinigung der Kabinen zuständig ist

KAPITÄN – CAPTAIN, MASTER: ranghöchster Offizier an Bord, verantwortlich für das Schiff und seine Sicherheit. Er hat im Zweifel das letzte Wort. Entgegen landläufiger Meinung steuert er nur sehr selten das Schiff selbst, gibt aber bei kritischen Manövern die Anweisungen auf der Brücke, insbesondere beim An- und Ablegen.

KNOTEN – KNOTS: Die Geschwindigkeit von Hochseeschiffen wird in Knoten gemessen: 1 Knoten = 1 nautische Meile pro Stunde = 1,852 km/h. Die Reisegeschwindigkeit moderner Kreuzfahrtschiffe beträgt meist zwischen 16 und 22 Knoten.

KELLNER – WAITER, DINING ROOM STEWARD: nimmt in der Regel die Bestellung entgegen, serviert zusammen mit dem Hilfskellner das Essen und informiert die Gäste manchmal auch über das Programm für den nächsten Tag

KREUZFAHRTDIREKTOR, KREUZFAHRTLEITER – CRUISE DIRECTOR: ranghöchster Offizier im Entertainment- und Reiseleiterteam, agiert oft auch als Moderator der abendlichen Shows

KÜCHE, KOMBÜSE – GALLEY: die Schiffsküche. Der Begriff „Kombüse" ist auf Kreuzfahrtschiffen ungebräuchlich, selbst auf deutschen Schiffen hat sich der englische Begriff „Galley" eingebürgert.

LOTSE – PILOT: ortskundiger, nautischer Berater des Kapitäns. In vielen Häfen, in Kanälen und bei schwierigen Passagen muss ein Lotse an Bord genommen werden. Die Verantwortung für das Schiff und damit die Entscheidungsgewalt hat aber immer der Kapitän (Ausnahme: Panama-Kanal).

MITTSCHIFFS – MIDSHIP: der mittlere, zentrale Bereich des Schiffs zwischen Bug und Heck

MUSTERSTATION – MUSTER STATION: Sammelpunkt in Notfällen

NEBELHORN, SCHIFFSHORN, TYPHON – WHISTLE, HORN: das Signalhorn, mit dem akustische Signale gegeben werden können, beispielsweise beim Ablegen des Schiffs oder zur Positionsangabe im Nebel. Früher war dies eine Dampfpfeife, weswegen im Englischen immer noch gelegentlich von „Whistle" gesprochen wird.

PODANTRIEB – POD, THRUSTER: moderner Schiffsantrieb für optimale Manövrierbarkeit. Der Propeller ist an einer um 360 Grad drehbaren Gondel unter dem Schiff angebracht. Am weitesten verbreitet ist der Azipod von ABB; der Podantrieb von Rolls Royce trägt den Markennamen Mermaid.

PROMENADENDECK – PROMENADE: offenes Deck entlang den Seiten des Schiffs, manchmal auch komplett umlaufend; dient oft als Joggingbahn, zum Sonnen und meist als Sammelpunkt (Musterstation) im Notfall

PURSER, ZAHLMEISTER – PURSER: Der Begriff hat sich auch im Deutschen eingebürgert und entspricht dem früheren Zahlmeister. Der Purser ist für die Finanzen und damit auch die Bordrechnungen der Passagiere zuständig und Vorgesetzter der Rezeptionsmitarbeiter.

RECHNUNG – INVOICE: Falls Sie sich für Zahlung der Rechnung an Bord für Kreditkarten- oder EC-Kartenzahlung entschieden haben, bekommen Sie die Rechnung typischerweise in der Nacht vor dem Ausschiffungstag unter der Tür durchgeschoben oder außen an die Kabinentür gesteckt. Vor allem auf neueren Schiffen können Sie den aktuellen Rechnungsstand auch schon während der Reise an interaktiven Fernsehgeräten oder mittels Smartphone-App überprüfen oder sich an der Rezeption einen Zwischenstand ausdrucken lassen.

REISELEITER – SHORE EXCURSION MANAGER: organisiert die Landausflüge und alles, was damit zusammenhängt

RESTAURANTLEITER – MÂITRE D'HÔTEL, MÂITRE D': verantwortlich für den Gästebereich des Restaurants. Oft stehen ihm ein oder mehrere Stellvertreter (Assistant Mâitre d'hôtel, Dining Room Captain) zur Seite.

SICHERHEITSÜBUNG – MUSTER DRILL: Notfallübung, die verpflichtend innerhalb der ersten 24 Stunden nach Ablegen des Schiffs durchgeführt werden muss und bei jeder Reise die Teilnahme aller Passagiere verlangt. Nahezu alle Reedereien führen diese Übung noch vor Abfahrt des Schiffs durch.

SCHORNSTEIN – STACK, FUNNEL: Schornstein, durch den die Abgase der Schiffsmaschinen abgeleitet werden

SCHOTT – WATERTIGHT DOOR: wasserdichte, automatisch verschließbare Türen, die das Schiff in mehrere voneinander unabhängige, wasserdichte Teilbereiche trennen und bei einem Wassereinbruch das Sinken des Schiffs verhindern sollen. Die Schotten lassen sich im Notfall aber von Hand öffnen, sodass man keine Sorge haben muss, eingeschlossen zu werden.

SCHRAUBENANTRIEB – PROPELLER PROPULSION: traditioneller Schiffsantrieb, bei dem der Propeller im Gegensatz zum Podantrieb an einer feststehenden Welle montiert ist und die Steuerung des Schiffs über ein Ruder erfolgt

STAFF CAPTAIN: zweithöchster Rang an Bord und Stellvertreter des Kapitäns. Häufig fungiert er als Vorgesetzter und Hauptansprechpartner für die Crew.

STEUERBORD – STARBOARD: in Fahrtrichtung rechte Seite des Schiffs. Die gegenüberliegende Seite heißt Backbord (port side).

SUITE: größte und luxuriöseste Kabinenkategorie, in der Regel mit Balkon. Eine Suite besteht definitionsgemäß aus mehr als einem Raum. Als Suite werden oft aber auch schon Kabinen bezeichnet, die etwas größer dimensioniert sind und beispielsweise über einen begehbaren Kleiderschrank verfügen.

TENDERBOOT, BEIBOOT — TENDER: Boot, das zum Transport von Passagieren vom Schiff an Land und zurück verwendet wird, wenn das Schiff vor Anker („auf Reede") liegt und nicht direkt anlegen kann. Meist kommen größere Rettungsboote als Tenderboote zum Einsatz.

TENDERPLATTFORM — TENDER PLATFORM: Plattform knapp über der Wasserlinie an der Seite des Schiffs, die ausgeklappt werden kann, um dort Passagiere in die Tenderboote umsteigen zu lassen

TONNAGE — TONNAGE: Die Tonnage wird mit einem rechnerischen Wert angegeben, der sogenannten Bruttoraumzahl BRZ (früher Bruttoregistertonnen, englisch gros tons). Die BRZ hat nichts mit dem physikalischen Gewicht des Schiffs zu tun hat. Das Gewicht eines Schiffs entspricht in etwa seiner Verdrängung.

TIEFGANG — DRAUGHT: So tief reicht der Schiffsrumpf unter Wasser.

UMWELTOFFIZIER — ENVIRONMENTAL OFFICER: verantwortlich für die Einhaltung aller Umweltvorschriften an Bord

VERBINDUNGSTÜR — CONNECTING DOOR: Oft sind benachbarte Kabinen mit einer Tür untereinander verbunden, sodass größere Familien oder gemeinsam reisende Freunde zwei Kabinen zusammenhängend nutzen können.

ZODIACS — ZODIACS: robuste Schlauchboote, die vor allem auf Expeditionsschiffen und sehr kleinen Kreuzfahrtschiffen zum Anlanden genutzt werden.

noch weiter UNTERWEGS

PERSÖNLICHE REISE-LOGBÜCHER FÜR DIE SCHÖNSTEN ERINNERUNGEN ZUM SELBERSCHREIBEN

128 Seiten, 170 x 240 mm,
Hardcover mit Lesebändchen
978-3-96664-030-5
€ 14,99

128 Seiten, 170 x 240 mm,
Hardcover mit Lesebändchen
978-3-96664-031-2
€ 14,99

MIT FARBSCHNITT
UND GLANZFOLIE

Ob Du daheim in Deiner Stadt bleibst, übers Wochenende für einen Städte-Trip verreist, oder einige Wochen Urlaub auf deiner Lieblingsinsel machst. In dieser Bucket List für die Reise präsentiert die sympathische und leicht durchgeknallte Autorin Elise de Rijck 250 Anregungen für ein intensives Erleben auf Deiner Reise.

128 Seiten, 168 x 210 mm, Broschur
978-3-95843-988-7

€ 12,99

128 Seiten, 170 x 240 mm,
Hardcover mit Lesebändchen
978-3-95843-963-4

€ 14,99

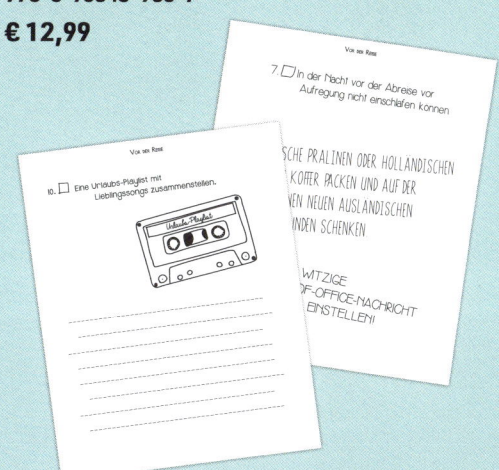

IMPRESSUM

HEEL Verlag GmbH
Gut Pottscheidt
53639 Königswinter
Telefon 02223 9230-0
Fax 02223 9230-13
info@heel-verlag.de
www.heel-verlag.de

© 2020: HEEL Verlag GmbH
3. Auflage 2025

Verantwortlich für den Inhalt:
Franz Neumeier, *cruisetricks.de*

Lektorat: Iris Bahr
Unterwegs-Logo: Philippe Layani, *layani.net*
Layoutkonzept: Axel Mertens, Christine Mertens, HEEL Verlag GmbH
Lithographie, Satz und Gestaltung: Stefan Witterhold, HEEL Verlag GmbH

Bildnachweis:
Umschlag: © annasunny/Adobe Stock (Sea icons), © Biletskiy Evgeniy/Adobe Stock (Foto),
© Hein Nouwens/Adobe Stock (Travel and vacation icon collection)
Innenteil: © annasunny/Adobe Stock (Sea icons), © Franz Neumeier (Autorenfoto), © Hein Nouwens/
Adobe Stock (Travel and vacation icon collection), © lessnik/Adobe Stock (Ribbons collection),
© lilett/Adobe Stock (Camping equipment), © piixypeach/Adobe Stock (Cute travel collection)

Printed in Slovenia

ISBN: 978-3-96664-022-0